即兴表达

【日】渡边龙太　著
伍能位　译

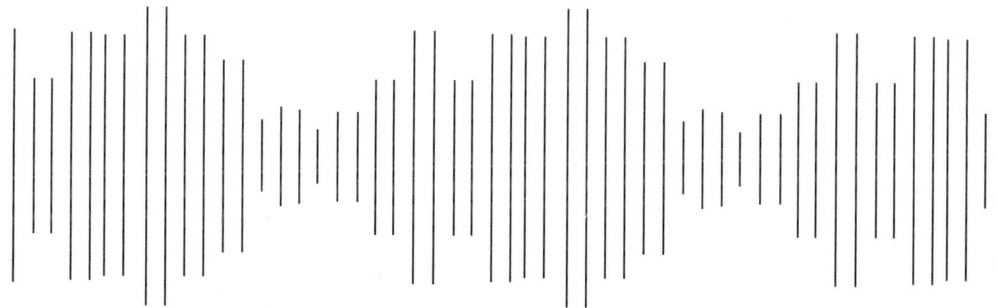

江苏凤凰科学技术出版社
·南京·

江苏省版权局著作权合同登记 图字：10-2020-205号

图书在版编目（CIP）数据

即兴表达 / (日) 渡边龙太著 ; 伍能位译. —南京:
江苏凤凰科学技术出版社, 2021.2
ISBN 978-7-5713-1553-5

Ⅰ. ①即… Ⅱ. ①渡… ②伍… Ⅲ. ①语言艺术－通
俗读物 Ⅳ. ①H019-49

中国版本图书馆CIP数据核字(2020)第227085号

即兴表达

著　　者	[日] 渡边龙太
译　　者	伍能位
责任编辑	洪　勇
责任校对	杜秋宁
责任监制	方　晨
出版发行	江苏凤凰科学技术出版社
出版社地址	南京市湖南路 1 号 A 楼，邮编：210009
出版社网址	http://www.pspress.cn
印　　刷	天津旭丰源印刷有限公司
开　　本	880 mm × 1 230 mm　1/32
印　　张	7.5
字　　数	155 000
版　　次	2021年2月第1版
印　　次	2021年2月第1次印刷
标准书号	ISBN 978-7-5713-1553-5
定　　价	29.80元

图书如有印装质量问题，可随时向我社出版科调换。

前言

即兴能力是丰富人生的终极能力

- 自己是个不善言辞的人。
- 如果能更会聊天一点，无论是工作还是爱情，一定是另外一番光景吧。
- 想说的话总在心口难开，让周围的人无法了解真正的自己。
- 笨嘴笨舌的自己最怕和别人打交道。
- 不懂怎么跟初次见面的人或者客户聊天，错失了很多机会。
- 跟自己的上司和前辈们聊天好痛苦，每天都郁闷死了。
- 没办法顺着对方的言行做出幽默的回应，不知道怎么起哄吐槽。
- 明明没有恶意，却总是容易失言引起对方不快。
- 好想在演讲和表达能力方面更上一层楼。

一定有很多人，每天都面临着这样的烦恼吧。

不过这并不奇怪，而且这也不单单是个人原因造成的，更不是什么“悟性”“才情”的问题。这是当今社会普遍存在的问题之一，你我都是这烦恼众生中的一员。

遗憾的是，我们平时很少有专门学习“谈话”的机会，相应的教育体制也还不够完备。这本书就是为了科学、简单地解决这些烦恼，把“即兴能力”这项起源于欧美的技能，以便于掌握的方式呈现给大家。

掌握改变人生的即兴谈话能力，走上理想的人生道路，过上快乐充实的生活——这本书会告诉你其中的方法和诀窍。

都说在日本，“读书、写字、打算盘”是每个人都必须学会的三项基本技能。但仅仅掌握这三样真的就足够了吗？

实际上，对于绝大部分人来说，比起读书、写字和珠算这三件事，“谈话”反而在人生中占据了绝大部分的时间。而且能够影响人生轨迹的大部分事情，都不是通过“读写加算盘”，而是通过“谈话”来决定的。

尽管如此，日本却根本没有开展培养“谈话能力”方面的教育。虽然我们从年幼之时到参加工作之后，多多少少都会有人教我们或者提醒我们注意“措辞”问题，但这不能算是真正受到过培养谈话能力的专门教育。所以，很多日本人都面临着开头列举的那些烦恼。

有人会问，是不是因为日本是二战战败国的原因，所以也禁止日本人学习谈话能力呢？当然不是了（哈哈，小幽默一下）。

其实放眼世界，在欧美这些发达国家，很早以前就已经形成了有关谈话能力的科学理论，并且开发出了一套通过简单愉快的游戏来掌握谈话能力的训练方法，让人们无论面对什么场合都能够积极地融入。

这就是本书中将要着重介绍的“Impro”，也就是“即兴能力”，是一种面对任何场合都能即兴发挥、幽默对答的谈话技巧或者交流技巧。

欧美名流无人不会的技巧——Impro（即兴能力）

大家有没有发现，美国的政治家或企业家、明星、体育选手等，他们在发表演讲、接受采访，或遇到突如其来的提问时，是不是常常比同样身份的日本人能够更灵活机智地应对呢?

这是因为，身处这些场合的大部分人都曾接受过专门的即兴能力训练，掌握了即兴应答的对话能力。从小学就开始学习即兴表演的 Twitter（推特）公司 CEO 杰克·多西曾对此夸赞道：**“如果能够习惯在没有剧本的情况下即兴发挥，将会对你的生活和事业助益良多。”为什么这么说呢？因为在事业的初创和发展过程中，从来都不可能有现成的剧本让你按部就班。**

就我自己而言，20 岁以前的我在沟通能力方面有着巨大的缺陷，由此带来了一系列的问题。我从小就是那种即使被人故意找麻烦也会一言不发的人，总要等到忍无可忍的时候才直面反击。结果，大人只看到我暴怒的那一刻，免不了要训斥我“你就是个坏家伙”。所以我就会非常郁闷：“明明我才是被人欺负一直隐忍的受害者，为什么周围的人还要冤枉我是个坏人？”一来二去自己逐渐患上了人类恐惧症，最后干脆闭上嘴巴闷声不响。

不过，我在自己的好朋友面前则是另一种状态，可以说个不停。而且，我自己心里也觉得那个“能说会道的自己”才是真实的自己，我甚至还考虑过要当一名谐星。

但是，由于只和亲近的人说话，久而久之引起了一种可怕的现象——面对朋友以外的人时，因为忘记了有所顾忌的说话方式，所以就变得不会开口讲话了。而且可能是因为说话实在太少，所以导致发声器官的肌肉退化，变得说起话来更困难了。进入高中以后，甚至发展到虽然心里面很想表达真实的自我，但是一旦面对特定对象以外的人群，就完全说不出话来的地步。

那时候的我异常沮丧，很想改变这样的自己，最后在父母的支持下，高中毕业后便踏上了前往美国的留学之路。因为我觉得美国人都是那种敢于大声自我主张的人，生活在他们的环境里应该可以给自己带来一些改变。

想归想，但也并不是说到了美国就能够自然而然地掌握谈话能力。到那里以后首先还要面对语言的障碍，“不会说话”成为有生以来加在我心头最大的压力。

一直到我进入美国的艺术学校，开始着手学习好莱坞式的电影制作、演技表演、自我表现等课程之后，人生的转机才开始出现。**在那里，我接触到了专门讲授如何打造即兴能力——也就是即兴讲话能力的课程，从此我的人生实现了 V 字形的反转。**

即兴能力，正是本书的核心内容。即兴能力的核心要义，就是掌握“Yes, and”的思考方式。也就是说，在肯定对方想法的同时，用自己的真心话去和对方产生共鸣。而且，只要通过做几个简单的游戏，就能够让这种方法渗透到你的言行之中。

儿时的我，对什么事情都持否定的态度，又过于压抑自己，最终的结果只能老是暴怒反弹。后来我通过参加即兴表演游戏，才终于恍然大悟，开始学会信赖对方并积极表现自我，最终在非常轻松愉快的氛围中拯救了自己。**而且，自从掌握了即兴能力，我的人生开始迅速地向积极的方向转变。**

不需要悟性！
为你制定一套通过练习就可以掌握的方法

“Impro”是英语单词“Improvisation”的简称，原意为“即兴表演”，在这里翻译为“即兴能力”。在即兴表演的课堂上，学生们会以舞台剧、游戏的方式把一场完全没有剧本的谈话推向高潮，这是他们学习即兴能力的方式之一。第一次听说这种方式的人或许会连连摆手说，“舞台剧？我不行我不行”。其实大家不用紧张。**首先，做这件事情根本不需要什么悟性和才情；其次，在国外已经有人对即兴能力进行了科学的研究，并且专门研发出了一套可以让任何人都能通过游戏来简单地掌握即兴能力的“习得技巧”。**

举个例子，在即兴能力训练的代表性游戏中，有一款叫做“One Word”的游戏。在这款游戏中，每个人按顺序说出一个单词（如果是日语，那说出一个句节也可能），最后将它们连成一句话。比如，“今天”—“是大家”—“大扫除”—“的日子”。按照这样的节奏大家齐心协力创造出句子，把对话推向高潮。这样看来，是不是觉得自己不费吹灰之力也能做得到呢？

在做这个游戏的过程中，即便是那些容易退缩、瞻前顾后的人，也必须至少说出一个单词。这种做法意味着什么呢？因为大家是按顺序来的，所以意味着每个人都必须在别人面前说出至少一条自己的想法。腼腆的人非常不习惯把自己的想法告诉别人，他们中的很多人都觉得这样的事情“很丢人”。通过做这个游戏，不但可以让他们习惯于向别人提出自己的想法，而且也能锻炼他们的注意力。

另一方面，对于那些过于把自己的想法强加给别人的人而言，在这个游戏中，有时候也会遇到话头接不下去的情况。举个例子，正当大家都在热烈讨论主人公拼命大扫除的话题时，有个人因为自己讨厌做卫生突然冒出一句“好想罢工”，接下来讨论会变成什么样呢？这样一来，主人公的人设就崩塌了，周围的人一片混乱，话题瞬间就进行不下去了。

不过话说回来，这顶多就是一个游戏罢了。所以，就算轮到自己的时候接不上词语，或者一不小心话说多了，那又如何呢？大部分人顶多就是自嘲一句“失败啦”，也就过去了。通过这种方式，让参加游戏的人反复体验在谈话过程中“习惯失败”的经历，今后在日常生活中也能够减少交流中的不安，比如遇到“在初次见面的人面前讨论这个话题却接不下去，到底该怎么办”之类的情况。

明明没有工作实绩却靠着即兴能力成为 NHK（日本放送协会）的节目主持人

我在学完即兴技巧回到日本后，和以前的自己已经大不一样了。不管面对什么话题，尤其是那些能够吸引同龄人的话题，我都能够侃侃而谈。

借助这份说话能力，虽然我一没经验二没业绩，但硬是凭着我的满腔热情，成功拿到了 NHK（日本放送协会）的聘用合同，在海外频道一档用英语播报的新闻节目中担任自由主持人。之后更是一发不可收拾，在出版社当过图书策划编辑，也为知名明星运营过网络媒体等等，在良好沟通能力的加持下个人的事业版图也在不断扩大。就这样，我切身体会到自己通过学习即兴技巧而获得的“谈话能力”，并非华而不实的纸上空谈。也就是从那时候起，我开始抓住一切交流机会进行学习，并从即兴技巧的角度对其进行独立的分析。接下来，我将向大家介绍我所学到的那些跟沟通交流有关的事情。

- 提高即兴谈话能力的即兴技巧（美国电影学校采用的方法）
- 引导出对方心声的采访方法（作为新闻节目工作者）
- 逗笑的技巧（通过与诙谐艺人共事）
- 公众面前的讲话方式（留学期间学习的单口相声课程等）
- 会议上的绝妙发言以及演讲的方法（通过从事广播作家[①]的工作）
- 转换心情，演一个理想中的自己（戏剧）
- 简单明了地传达复杂的事情（作为经济·信息节目的构成作家[②]）
- 洞悉自己和对方心理状态的心理学（自学）
- 找工作时的营销对话（为了获得自由广播作家一职）
- 思考能够吸引人的话题（已经写了好几篇非常火的报道）
- 和初次见面的人成为好朋友（和朋友一起经营一间小酒吧）……

一进入广播公司工作，就算再讨厌也要通过在职培训（On the job training，简称 OJT）的方式，学习各种各样的交流技巧，特别是在 NHK（日本放送协会）当新闻主持人的时候，和前辈们学到的那些东西；跟随在广受好评的都市传说作家关晓夫先生身边工作的经历；还有，在数年时间内，定期对天野博之从艺人的角度就一些话题以及主持人理论等方面的

---

① 广播作家：指策划广播、电视等节目，编写剧本的人。

② 构成作家：广播作家的工作包括与广播节目有关的策划、内容构成等。因此，广播作家也称为构成作家。

题材进行的采访……这一切都令我受益匪浅。和在美国学习即兴技巧稍微有点不同，我又把自己当成一名初学者，对日本的即兴技巧研习班进行了深入的调查。如此一来，我可以接触到形形色色的沟通交流专家，并从即兴技巧的角度将这些收获进行分析。在此基础上，我所掌握的那些即兴技巧知识，就从原本面向欧美人的指导教程，转化为面向亚洲人的具有实践性的系统化技术体系。

当然了，我知道除了理论知识以外，自身的实践经验同样不可或缺，所以我到电台应聘上了 DJ 节目主持人，有时候还客串演员，在面对上千观众的舞台上露脸表演。一时兴起，干脆和朋友合伙开了一家酒吧，自己上阵身兼酒保，进一步锻炼自己的谈话能力。

就这样一晃 10 年时间过去了，不知不觉，**我已经成了一名广播作家，经常为艺人或者剧组演员提供说话建议，甚至当起了会话技巧研习班的讲师。能在知名艺能事务所开办的学校中担任专业艺人的讲话指导，这样的事情对于只认识那个在远赴美国学习好莱坞式即兴技巧前还笨嘴笨舌不善交流的我的人而言，肯定是难以想象的吧。但是，这一切并不是因为我拥有特别的才能，而是因为我有幸系统高效地接受了即兴技巧这一科学方法的专业训练，仅此而已。**

既能享受精彩人生，又能赚钱致富的理由

接下来，要向大家介绍本书的正确打开方式。标准的使用方法是，从头开始按顺序逐章阅读，在让你觉得“深有同感”的条目上标注记号。整本书读完以后，和朋友认认真真地按照标记条目中介绍的交流游戏具

体实践实践。当然，在日常生活的交流过程中遇到把握不准的事情时，也可以像查阅字典一样，找出本书中有用的部分按图索骥对照阅读。同时，也请大家不妨试着把本书提到的知识，活学活用到自己真实的日常会话之中去。

如果想从根本上提升自己的沟通能力，建议先通读这本书，然后专门挑出里面可以一个人单独完成的游戏，先自己一个人试试看。如果没问题，再找一个性情相投的朋友一起挑战沟通游戏吧。

无论如何，与人沟通就像做运动一样，不仅脑袋里要有规划，而且还要身体力行使其融入到你的生活中去。因此，最重要的一件事情就是参考书本里的内容，真刀实枪地和朋友一起练习谈话。

人的烦恼大都来源于交流和金钱这两方面带来的问题。如果能够掌握即兴技巧，就可以大幅减少交流方面的烦恼。这样一来，工作也能够顺利地开展，自然也能够赚到越来越多的钱。

真心希望大家都能够通过这本书，学到我经过多年学习和实践后精心打造的即兴实战技术。就像我所经历的那样，即兴技巧会赋予你强大的能量，帮助你大幅减少人生道路上遇到的各种烦恼。

人生变得更加丰富多彩——这就是我掌握即兴技巧所取得的收获。

衷心祝愿大家阅读本书后，能够在人生的所有场合时来运转，度过快乐舒心的每一天。

目录

做一个风趣的谈话“信手拈来”的人 让你变成“从容长谈者”的出色谈话技巧

效果→ 让人觉得“这个人，很会聊天！”

效果→ 短时间内得到对方的认同！

第2章 让人忍不住“还想再见面” 成为一个有趣的人的出色谈话技巧

效果→在即兴谈话中谈笑风生

效果→对方不知不觉就被你牵着走了

第4章 让你不知不觉收获信赖的出色谈话技巧

第1章

做一个风趣的谈话“信手拈来”的人

让你变成“从容长谈者”的出色谈话技巧

让人觉得“这个人，很会聊天！”

01 不做没有“信息量”的应答

不想把天聊死，首先要懂得怎么接话

要想变得善于即兴聊天，就要“在向对方传递讯息时，务必把自己的想法、观点传达到位”，这是即兴思维方式基础中的基础。在即兴教程中对此有一个浅显易懂的讲解，那就是以“Yes, and 自己的意见”的形式来回答对方的提问。

实际上，那些因为“经常觉得对话进行不下去”而懊恼的人，往往都是因为他们在回答的时候只说了个“Yes”就没有下文了，所以直接把天聊死了，这样的例子不胜枚举。

举个例子，A 先生一个人坐在公司食堂里吃饭，这时候突然有个公司里的大人物坐到了他的面前，并问他：“我可以坐这里吗？”然后，不等 A 先生回答，大人物又自顾自地继续说道：“最近我在减肥，只能吃点菜了。”

这时候A先生觉得自己如果不给点回应似乎不太好，整个人马上紧张了起来，打起精神附和道："这样啊？您现在只吃菜啊？"大人物一听，脸色一僵，只得应了一句："对啊。"接下来A先生又苦恼不知道该怎么接了，憋了半天，小声地回了一句："是吧？"然后，就没有然后了。两人之间的空气开始变得越来越尴尬，只得各自默默无言地埋头吃饭。

让我们来回顾一下A先生的应答。他的应答里翻来覆去只有两句话，"这样啊？现在只吃菜啊"和"是吧"。在这两句附和应答里，包含着什么信息呢？这两句应答里除了"您说的事情我了解了"之外，没有任何其他信息。

也就是说，他只说出了"Yes, and 自己的意见"中"Yes"的部分，这样的信息量无法形成谈话中的信息互动。这种状态，就像自己一边只专注于接球而没有回球，另一边却要求对方继续把球投给自己一样。你这么一操作，对方也很快就弹尽粮绝了。

反过来，如果A先生回答的是"只吃菜吗？那后面肚子不会饿吗"，或者"难道这就是传说中限制糖质的减肥方法吗"，也就是在回答中加入一些自己想到的东西，那结果又会怎么样呢？如果这么做，毫无疑问那位大人物肯定会再回答些什么。**由此可以看出，即便你有心把谈话进行下去，但是如果不小心做了"没有信息量的应答"这一点，那么对方就会很难接话。**

那么，前面我们虽然说过"Yes，and 自己的意见"这种说话方式很重要，但是也许有人会觉得很多时候，所谓的自己的意见不是想冒出来就能冒出来的。这一点大家不必担心。根据你的心理状态，不管需要多少“Yes，and 自己的意见”，都能说得出来。

其实只要冷静下来想一想，对于用减肥话题开头的人，可以问的问题很多，比如“什么时候开始减的”“干嘛减肥啊”“准备减到多少斤呢”之类的。尽管如此，那些想不起要怎么问答的人，**实际上是因为他们没有真正进入倾听对方的节奏的状态，而是不自觉地光去考虑其他的事情了**。前面出场的那位 A 先生，在大人物跟他打招呼的时候，满脑袋想的肯定都是“为什么现在突然找我说话”“其他地方没有空位置了吗”等等这类事情。

这样的事情就算想得再多，也不可能帮你想出一句幽默风趣的话来。**“在对方发起话题的时候，不管什么都行，一定要作出含有信息的应答”，如果脑袋里能够有这根弦，即便是即兴发挥也一定能说出一些实实在在的东西来**。

这样掌握技巧！ 先在想法里加入信息，然后再准许“语言出口”

前言中提到过一个游戏，叫做“One Word”，这是即兴技巧训练中基础中的基础款游戏，这里再向大家介绍一遍。这个游戏多少个人一起玩都可以，游戏很简单，每个人按顺序说一个单词，最后组成一段话。

举个例子，A:“今天”→B:“去”→A:“超市”→B:“买”→A:“米”→B:“然后……”，游戏就按照这种感觉进行下去。万一有人在接龙的过程中不小心说了 2 个以上的单词，游戏也不用中断，可以继续进行。在这款游戏中，玩游戏的人既要准确地接收前一个人传递的想法，同时还要用易于接收的方式把自己的想法传递给下一个人。通过这样的游戏，谈话这件事情就不是由谁在单方面地表达自己的个人想法，而是变成一种由大家共同作业的模拟体验。

在游戏的过程中也有卡壳的时候，但是没关系，不管是重复用词还是换一个词，可以挑战第二次、第三次，一直这么坚持挑战下去。

02 自然流露让对方印象深刻的话

话越简短越有力，一个话题只说一件事

不知道大家有没有这样的经历，明明自己毫无察觉，对方却不胜其烦地指责说“你的话简直太长了”。有时候对方虽然没有明说，实际上心里面已经这么认为了，而且有可能已经在对方心里烙下了“和这个人说话真累”“和这个人说话太无趣了”的印象，好感度自然也随之下降。

为什么会出现这种情况？这是因为，**说话的人潜意识里都习惯高估听众的记忆容量**。举个例子，假设你今天尝到了网红店的美味鸡肉蛋盖饭，内心十分感动。即便一周时间过去了，你肯定还能一五一十、如数家珍地向别人介绍饭菜的细节吧，比如“盖饭里面的蛋简直不要太松软啦”之类的。

但是，我们再来假设今天吃的是里面装了 15 道菜肴的幕间

便当[1]。这种情况下，一周以后你还能记得饭菜的细节吗？大部分人肯定都只能漫无边际地发表一句笼统的感慨“那份便当真好吃”。同样的道理，**特别是像说教或者说明一件事情的时候，包含大量细节性信息的冗长发言，最后在听众的脑海里就剩下“好长的讲话”这么一个印象。所以，假如你真的打算向对方传达些什么，那么你至少必须做到“一个话题只说一件事情”**。

说一件陈年旧事。有个人因为深知人们有个缺点，那就是记忆的脑容量其实比想象中的要小，因此每次他都能利用这一点在大选中大获全胜，那个人就是日本前首相小泉纯一郎。一般而言，大选期间无论财政、外交还是教育等话题，所有事情都是竞选、辩论的焦点。但是小泉却喜欢使用他独特的单一辩论的打法，也就是说在竞选中有目的地选择一个单一的话题作为焦点，和对方辩论到底。通过这样的方法，小泉在竞选中聚焦辩论的事情，就在国民的脑海里留下了深刻的印象。实际上，肯定还有很多人时至今日，仍然对“解散邮政”“抵抗势力”这些小泉在选举中使用的语言记忆犹新。相反的，现在却极少有人还能记得当时的在野党选择的辩论焦点或者打出的那些吸引眼球的口号了。

从中我们就可以明白，把我们想要表达的意思凝炼浓缩成一点，是一种多么强有力的表达手法。所以说，打个比方，**如果想要教训一个迟到的人，冷冷地来一句“下次要是再迟到，我一定**

---

① 在日本江户时代，民间百姓的主要娱乐是去看歌舞伎。人们常常一早就去看戏，一看就是一天，剧幕休息的间隙会享用茶屋提供的间歇便当，也就是“幕间便当”。

会撤掉你”，远比冗长无聊的说教更能把想要说的意思强烈地传达给对方。

你就是生活太懒散所以也反映到了学习上。房间也从来不收拾。还有，上次你在亲戚面前那叫什么态度啊……（吧啦吧啦足足15分钟的说教）

你说的和学习完全没关系，不懂你在啰唆什么，真是不爽（怒）

把成绩给我抓上去！先从背诵这10个英语单词做起吧。

好的。就从这里入手，先试试看吧。

这样掌握技巧! 站在“会说话的人会怎么说”这个角度想问题

接下来向大家介绍一款能让“一个话题只说一件事”成为你第一反应的“小泉纯一郎游戏”。如前所述，日本前首相小泉纯一郎是一位表达天才，别人想要用长篇大论去说明的事情，他却善于用最简洁的方式说清楚。举个例子，贵乃花光司忍着伤病的痛苦赢得了胜利，小泉送给他一句简单的话非常有名："你忍着伤痛顽强拼搏！我很感动！"如果换成日本前首相安倍晋三同样向贵乃花光司表达感动，恐怕就是这样的："你就是贵乃花光司吧。虽然你受了很重的伤，但是仍然忍着伤痛……"说的话肯定会成倍增加。这个游戏就是这样一种逆向反思。当听到别人说话觉得"这个人说话好长啊"的时候，你不需要出声，只要在心里默默思考"如果换成小泉纯一郎，他会用一句什么简洁的话来概括呢？"只要反复进行这样的思考训练，就可以提高即兴简洁地向对方表达意思的能力。

03 善于从对方的言谈中"收集信息"

发言量控制在 3~4 成，才能有更多倾听的机会

我觉得世界上的人可以分为各种各样的类型，有的喜欢喋喋不休，有的却总是沉默寡言等。但是，实际上就算同一个人，在不同的场合、不同的人面前，他的说话量也是完全不同的。举个例子，我就是那种在家人和朋友面前很多话的类型。但是，如果在初次见面的人以及大人物面前，或者在很多人聚会的时候，我反倒比较安静少言。不过话说回来，不论哪一个都是本真的自我，所以就连我自己都搞不清楚，我到底属于爱讲话的还是不爱讲话的。同样的道理，**这个世界上的大多数人肯定都和我一样，有时候滔滔不绝很能说，有时候又沉默寡言话很少，总是在两者**

之间摇摆切换。

如此看来，我们每天说话的量是在不断变动的，但是即使你是业内领袖，哪怕在即兴谈话的场合**也请常常在脑袋里面挂一根弦，那就是“把自己的发言量掌握在全场发言的3~4成”。为什么要这么做呢？因为就像美国屈指可数的大富豪沃伦·巴菲特的一句名言所讲的那样：“自己说话的时候，你什么都学不到。”**每个人在谈话的时候，都很容易变得满脑子只想着如何把自己的观点传达给对方。但是，人们往往忽略了一点，即谈话的另一个重要作用就是收集信息。

举个例子，假设有个在一流企业当部长、年龄四十好几的人，到附近的美容院去染发。此时，上来接待他的是美容师的助理，一位看上去二十出头的毛头小伙子。助理小伙子一边给部长按摩肩膀，一边搭话说：“您的肩膀很硬啊。您平时的工作要使用电脑么？”这种时候，部长更要注意拿捏“把自己的发言量掌握在全场发言的3~4成”的原则，尽可能让年轻小伙子多说话，从中获取更多的信息。

为什么这么说？因为作为一流企业的部长，在平时的日常生活中，很少有直接接触这种毛头小伙子并了解他们想法的机会。这时候要注意的是，如果光问问题而自己说得太少，则对方会很难回应。而且这样一来，有时候甚至会让对方觉得在接受审问，从而产生反感。因此在谈话的过程中，可以试着把自己的发言量控制在3~4成，以此抛砖引玉，鼓励对方说话。就这个例子而言，年轻人问是不是因为工作中使用电脑而导致肩膀发硬，部长则可以试着这样反问："不是。因为昨天开了一天的车，肩膀绷得难受死了。不过，听说最近年轻人都对车不太感兴趣，应该很少出现开车开到肩膀僵硬的情况吧？"**这样一来，收集到关于"年轻人对车的真实态度"这些信息的可能性就大大提高了。比起阅读经济杂志里"年轻人远离开车的理由"的报道来，这些最鲜活的声音才是具有压倒性优势的深度信息吧。**

这些方面要注意！"话多的人≠优秀"

在通过控制自身的发言量收集信息方面，作词家兼广播作家秋元康堪称个中达人。或许很多广播作家给人的印象就是在策划会上总摆出一副咄咄逼人的架势说个不停，但是秋元先生不一样，他总是习惯相对控制自己的发言量，从而在更多时候当一个倾听者。而且，他能够准确地理解演员以及其他同事提出的想法，故而备受尊崇。

也正因如此，秋元先生策划的方案大多能够很好地归纳并反映全体演职人员的要求，并得到所有人的认可和支持。之所以能做到这一点，正是因为他在即兴讲话的过程中下意识地缩减了自己的发言量，反而更多地去倾听周围人的发言。

通常人们很容易误认为，在会议上说话多的人看起来更优秀。但是，比起单纯靠发言量取胜的人而言，那些能够认真倾听别人的发言，然后提出自己颇有见地的见解的人，更能够成为团队中的核心人物。

04 善用积极的话语来鼓舞人心

多说正面积极的话，能够激发人的正能量

如果去看一看那些关于自我启蒙之类的书籍文案，就会发现一些“说消极的话运气会溜走”之类的内容。不过，我一向对那些太过感性的东西不太感兴趣。所以，每次看到这样的语句，我都会觉得“世上怎么会有运气这种东西”，顺带也对这类书不太感冒。不过，我后来接触了脑科学后，发现了一些非常令人震惊的事情。

实际上，**如果一直用消极的语言谈话，那么也会因此拉低参加谈话的人的能力。反之，如果能够下意识地用积极的语言谈话，则更能够激发出人们的潜能。**

人类的大脑比我们想象的更容易受骗。有一款利用大脑的这一特性而开发的“10 次游戏”你知道吗？首先，让参加游戏者大声说出“ピザ[①]、ピザ、ピザ……”，连续重复 10 次。紧接着，向说了 10 次ピザ（披萨）的人提问：“胳膊正中间是什么关节？”这时候，相当一部分人回答的不是“ひじ（手肘）”，而是与ピザ（披萨）发音很近的“ヒザ（膝盖）”。并且，当被指出误说了ヒザ（膝盖）时，参加游戏者仍然还浑然不觉地坚持说：“我刚才说了ひじ（手肘）吧？”**这就是我们常说的“启动效应”，即前面施加在大脑上的刺激，影响了大脑应对后面施加的刺激所作出的反应。**

---

① 在日语中，披萨为“ピザ”，发PIZA音；手肘为“ひじ”，发HIJI音；膝盖为“ヒザ”，发HIZA音。在这个游戏中，回答者受“启动效应”的影响，把手肘回答成膝盖。

不仅如此，人类的大脑也很容易被自己认定的东西欺骗。举个例子，我们给晕车的人服用一些用白砂糖做成的颗粒，并对他说：“这是防止晕车的新药。”然后让他们去乘车，其中有一些人真的就不晕车了。**道理很简单，因为其本人坚信“服了新药，肯定就不会晕车了”。这就是所谓的“启动（安慰剂）效应”**。当然，反过来操作也一样。有人虽然身体完全没问题，但是如果好几个身边的人接二连三地对他说：“你怎么了？脸色很难看啊。”那么，相当一部分人都会回答说：“是啊，我也感觉自己身体不太舒服。”之前，有个电视节目找爆笑问题①的田中裕二做了同样的实验，结果田中回答说“真的感觉自己身体出了问题一样”。

听了上面的解释，想必大家可以明白，为什么一直喊“好累”的人，会出现所谓“运气溜走”的现象了吧。正是因为一直把消极的话挂在嘴边，所以虽然实际上或许未必真的累了，但是自己却有可能觉得累了。同样的道理，一直把“我不行”挂在嘴边的人，当有人问他“这个行不行”时，由于受“启动效应”的影响，有时候就会条件反射般地回答“我不行”。为了避免发生类似的事情，就必须在日常生活中通过积极的语言坚定信心。

话分两头，人总有那么一些时候，无论如何都想宣泄一声：“好累啊！”**这时候我们也无需忍耐，但是可以试着把消极的语言转换成积极的语言说出来**。比如，可以把“今天好累啊”，换成“今天工作很努力啊”。又比如，可以把“今天没什么干劲啊”换成“今

① 爆笑问题：由太田光和田中裕二两人组成的日本搞笑组合。

天换心情了”。如果自己转换语言有困难，可以试着借助网络或者书籍。在介绍提升运气的网站或者书本上，有非常多转换消极语言的例子。

话虽如此，但是如果什么时候都把“我可以”“挑战一下试试看”这些话挂在嘴边，会不会给自己招来麻烦呢？不可否认，有时候如果下意识地作出积极的回答，会变成自己对显失合理的事情表示出了尝试一番的兴趣。但是不要紧，这时候我们在仔细听完说明后，予以拒绝就可以了。所谓的“启动效应”，并不是洗脑。**没有人会因为重复了 10 遍ピザ（披萨），就一辈子都搞不清ひじ（手肘）和ヒザ（膝盖）之间的区别**。同样的道理，只要认真听，绝对可以区分什么能做什么不能做，根本用不着担心。一种是了解情况之后再坦言“果然还是没办法”，另一种是一开始就回答“做不来”，然后根本无缘了解事情的详情，相较之下，明显前者比后者要高明得多。

这样掌握技巧！让积极地回应对方成为你下意识的习惯

接下来介绍一个能让你变成积极思考者的“我可以游戏”。这个游戏需要两个人共同完成。其中一个人向对方提问，比如“那件事情，能够按时完成吗”之类的。对此，另一个人要下意识地回答“没问题！包在我身上”，并且暂时让话题持续进行下去。之后，通过重复同样性质的问题，让对方多次体验用积极的语言立即给出回答。如此反复训练，直到参与游戏者能够下意识地用积极的语言作出回应。这样，一般都可以帮助那些第一反应总是消极应答的人改变恶习。说不定积极的思考方式真的可以提升大家的“运气”呢。

05 说话不要惹周围的人烦
勿以好恶论断之，体现了说话人的基本修养

在很多人一起聚餐的场合，总会有一两个抱有强烈好恶感的人。当然了，如果只是不动声色地避开自己讨厌的食物，别人也都不会太在意。但是，不知大家有没有遇到过这种情况，就是有人当场抱怨“这也太难吃了，根本下不了口”呢？这类人，真的会把现场的氛围搅得一团糟。

但是，很多时候，我们根本不能期待这类人能自觉意识到自己总是破坏气氛。

那么，为什么对那种兀自论断自己讨厌的食物很难吃的人，大部分人都持反感的态度呢？这是因为，**“难吃”只是一种个人观点，而并非绝对事实。**

实际上，像纳豆这类口味很重的食品，既有很多讨厌它的人，也有很多非常喜欢它的人。如果有人忽视这一点，煞有介事地妄下定论说“纳豆很难吃。根本不是人吃的”，结果会怎么样呢？毋庸置疑，喜欢纳豆的人听了心里肯定不舒服。

其实，现实生活中带有这种“把个人意见当成事实认定”毛

病的人，比我们想象中的要多得多。举个例子，很多商务人士都很喜欢国外的高级品牌手表。在这些人当中，经常会有一些人跳出来对同事建议说：“你已经步入社会了，还戴这种学生气的廉价国产手表怎么行啊！”

他所说的“商务人士就应该戴高级手表”，并不是一项绝对事实，而只是一种个人观点。对于一般的商务人士而言，即使不戴数十万日元的手表也完全没有任何问题。如果被人这么无端说道，恐怕会很生气地回敬过去“你管我”。

或者，有时候如果你对下属做的企划书武断地说“没意思”，则很可能会被认为是一个“只会主观臆断的上司”。

读到这里，你是不是开始担心，“会不会自己也在无意中做了讨人嫌的事情了呢？”如果真是这样，这里可以告诉你一个简单的解决办法，那就是在日常生活中注意提醒自己“千万不要断言自己讨厌的食物很难吃”。比如说，在自己觉得不好吃的食物面前，可以试着说“这个我有点吃不来”。按照这一原则，**如果只是发表发表针对料理浅层次的个人看法，那么在下意识表达自己意见的时候，就请尽量避免妄下“我想……”或者“我觉得……”这样的断言。**

实际上，很多有着“毒舌”称号但却一点也不讨人嫌的明星们就在使用这种说话技巧。特别是已故大明星家铺隆仁就经常使用这一招。家铺先生曾经在东京电视台，凭借实况转播情况下难度系数极高的强烈毒舌风格而大受欢迎。通常情况下，一个人如果满嘴喷毒，应该很容易让没有同感的人觉得反感。然而，家铺先生却是一个不会把个人意见和客观事实胡乱混淆的讲述者。实际上，家铺先生在表达自己意见的时候，总是明确自己的立场，以及自己是在对谁发飙生气。所以，虽然表面上看起来他是肆无忌惮地在发表尖锐的意见，但是由于他**绝不会将意见和事实两者混为一谈，所以能得到大家的喜爱**。

这样掌握技巧！在讲话中要做到事实和意见不混为一谈比想象中更难

接下来为大家介绍练习如何区分事实和意见的“家铺隆仁游戏”。游戏很简单，只要向对方说明一下你自己喜欢或者讨厌的物或人，但是不能把意见和事实混杂在一起。一个人对事物作出说明，然后听取第三方在严格核对基础上进行的分析，看看是否将意见和事实混杂在一起。对于懂得区分的人来说，这个游戏相当简单。但是，对于不善于区分的人来说，就算周围的人指出了自己将意见和事实混同的地方，也依然难以理解其中的道理。尽管如此，一旦理解了一次，接下来就能一马平川地即兴区分了，所以一定要坚持做游戏直到理解了为止。

短时间内得到对方的认同!

06 成为一个容易亲近的人
利用段子自嘲逗乐，能迅速拉近人与人的距离

软银的孙正义社长，是世界上屈指可数的大富豪，也是一位非常引人瞩目的管理者。尽管如此，他却从来没有遭受过“活力门”[1]堀江贵文所遭遇到的那种激烈的指责或者人身攻击。我们可以通过一些事件来追查个中缘由，其中非常有名的就是下面这一件。

有一次，有人在孙社长的 Twitter（推特）上留言说“你的发际线退得好厉害”。对此，孙社长并没有退避三尺，反而在下面回复说“不是我的发际线在退后，而是我在前进”。的确是非常

① 活力门：堀江贵文的昵称。因为堀江贵文长得与哆啦A梦（DORAEMON）相似，所以被冠以“HORIEMON”的昵称，也就是“活力门”。

出色的幽默。如此一来，孙社长一下子就拉近了和普罗大众之间的距离，而且肯定能够给予同样饱受秃顶困扰人士莫大的勇气。

实际上，**自嘲段子这个东西，如果由大人物使用，将会让他变得非常亲民，能起到防止引起别人反感的效果**。

讲自嘲段子，就要坦率地晒出自己的缺点或者自卑点。为什么这么说？因为只有让听众多少获得一种类似于优越感的感觉，才能达到放低自己身段的效果。即使这样，如果自卑的话说得过重了，任谁也是笑不出来的，所以度的拿捏非常重要。**简单的做法是，利用“个子矮”“身体胖”“年纪大啦”等这种常见的身体情结来插科打诨。此外，把“时不时上班迟到”“话太多”这一类被别人指责的缺点拿来吐槽，也是一个简单的方法**。

想自嘲段子最简单的方法，那就是用“看在我的缺点的份上，就请饶过我吧”这一招。举个例子，在某次组织的活动上，来宾比预料中的要少。这时候，要是中年的主持人落落大方地对大家道歉：“如果我再年轻一点，长得再帅气一点，本该会有更多来宾的，都怪我，对不起大家。”会是什么效果呢？如果能这么开场，那么现场的来宾就会觉得“虽然来客的数量比较惨淡，但是主持人说话好像还蛮有意思的。接下来会有什么样的内容呢”。从而有可能唤起大家的一些兴趣。反之，如果没有使用自嘲诙谐的段子来缓解场面的尴尬，那么来宾心里就会犯嘀咕，觉得自己参加以一个没什么人气，无关紧要的活动，整场活动非常有可能就这么提前结束了。

这门技巧**也有必须注意的地方。那就是，有的人表面上是在说“自嘲段子”，实际上却在故意炫耀**。

比如，那种明明是大众公认的如花美貌，却还在那闭着眼睛硬说自己相貌丑陋的人。这种人的自嘲段子，根本不可能带来任何笑声。所以，这样的做作当然不可能把自己的身段放低，也不可能让周围的人觉得你亲切随和，倒是极有可能让人觉得你是个“令人生厌的人”。

之所以会变成这样，就是因为听完这种“自嘲段子”后，别人会说“根本没有那回事啊”。所以在大家看来，这样自嘲的目的实际上是为了自夸。对于这种人，请转变一下自己的想法。必须要明白，**自嘲段子是“为了能够搞笑”**。所以，请使用那些无论自己还是他人都公认的真实自卑点作为素材来编段子逗乐。

值得一提的是，作为世界上最有权势的人之一的美国总统，为了能够以亲和的形象示人，甚至专门聘请专家，帮助他们练习使用自嘲段子。比如，美国前总统比尔·克林顿身后就有一位叫马克·卡兹的幽默写手。

有一次，卡兹交给素有“讲话冗长”之称的克林顿一个厨房闹钟，并说服克林顿在演讲的时候使用。然而，刚就任总统不久的克林顿讨厌别人指责自己的缺点，所以对卡兹的建议非常恼火。但是，在后来的某次演讲会上，克林顿的演说不但没有带动气氛，反而陷入了无人听讲的尴尬境地。据说后来在走投无路之下，克林顿突然领悟到“是因为话讲得太长了，所以才会这样吧”，这才终于拿出了那个厨房闹钟。结果，底下的听众一下子沸腾了，大家的注意力成功地被再次吸引到演讲上来。从那以后，克林顿尝到了“自嘲段子”的甜头，成为一位使用自嘲梗的段子手。大家**或许在最初使用自嘲段子的时候，会觉得非常痛苦。但是，只要试过一次就会吸髓知味，让它成为你的习惯，所以请务必努力挑战自己。**

这样掌握技巧！ 写出自己的缺点，试着把它们转化成你的招牌自嘲段子

接下来让我们一起来玩“自嘲段子作家的游戏”。首先，在纸上写下几条自己的缺点。然后，利用这些缺点想几条别人一听就会很感兴趣的段子。当然了，因为人一般都是在私下场合说段子，所以不用客气，可以大胆地盗用那些名人的段子。举个例子，假设你写了一条自己“个子矮”的缺点。那么，你就可以试着参考爆笑问题的田中裕二或者那些因为个子矮而在电视节目中被揶揄的明星们的自嘲段子。比如，你可以说“我一般都给我的孩子们穿比较成熟的帅气衣服，因为等孩子们穿不着了，我还可以接着穿”之类的。

然后，试着把这些说给你周围的人听。如果能打动大家，就把它作为招牌段子，牢牢记在脑海中，一有机会就随时拿出来用。下足这些功夫后，你就能在日后的即兴谈话中，非常简单地将这些段子信手拈来了。

07 注重语言之外的表达

“言外之意”的合理辅助，会让沟通事半功倍

人生难免犯错道歉。但是，有时候即便自己是真心实意地道歉，却也未必能够把这种内心想法传达给对方。

举个例子，你跟男朋友或者女朋友吵架了，你真心认识到自己的错误，于是向对方道歉。这时候，我们会稍微低着头对吧？没想到，对方反而怒气冲冲地抱怨道：“连眼睛都不敢看着我，光盯着地板，这哪里是道歉的态度！”都道歉了还被这样横加指责，肯定会火冒三丈吧。所以，你一定会后悔“跟这样的家伙道歉真是脑袋坏掉了”，于是两人再次开战，关系再度恶化。

这是典型的“沟通失败”案例。造成这种结果是因为人们都倾向于对语言之外的信息倾注相当多的关注。除了语言以外，人们总是通过语调、语速、表情、目光、音量以及态度等一系列的言行举止来推测对方心里的想法。不仅如此，我们还通过服饰、发型等一系列对方的外在展示来读取对方的心思。**很多时候当我们发现在对方说话之外捕获的信息和对方说话的内容不一致时，就会觉得对方在说谎。**所以，当我们想要向对方传达些什么时，一定要注意“语言之外该如何表达”，这点非常重要。

美国心理学家艾伯特·梅拉比安对说话的内容和声音的语调等因素进行了研究，并总结出了一条关于每一种因素在表达信息中比重的法则。这就是著名的“梅拉比安法则”。法则认为，在向对方传达信息的过程中，语言信息占 7%，语音语调等听觉信息

占 38%，表情等视觉信息占 55%。也就是说，语言传达的信息比我们想象中的要少。尽管如此，**我却认为在即兴讲话中，没必要去细致地把握到底有几成比例的信息是通过语言之外的沟通进行传达的。我们只需要注意一点，那就是“通过语言之外的手段传达信息很重要”**。

这样掌握技巧！锻炼“语言之外也能传达信息”的能力

接下来，向大家介绍一款能够锻炼我们通过语言之外的手段传达信息的能力的“塔摩利[①]游戏”。玩这个游戏至少需要 2 人参加。在游戏的开始，先确定场所以及登场人物之间的关系。比如，我们假设关系为亲子关系，场所为家里的客厅等地方就可以了。

其中一个人不使用任何含有实际意义的语言，而是发出一些杂乱无章的声音进行交流。可能的话，请随便发出像某种人类语言一样的声音，就像塔摩利先生的假外语那样的感觉。如果无法做到这种程度的人，可以试着随意持续地发出“噼——噼——噼——”的声音进行交谈。这样一来，就相当于把语言给封印了，这时也只能通过语言之外的信息向对方传达想要传递的事情。通过来回进行几次这样的游戏，如果在胡乱发音的情况下，也多少能够互

① 塔摩利：即森田一义。

通意思的话，就说明你能够成为一位“语言之外也能传达信息”的达人了。

这个游戏，是打造即兴说话能力的经典游戏。所以，在我担任讲师的即兴技巧讲座研习会上也经常使用。我感觉，大体而言大多数没有玩过这个游戏的人，如果不使用语言就没办法与人谈话。但是，每5个挑战的人里面，肯定会有1个人即便不使用语言，也能很好地进行沟通交流。这些人真的只要通过表情或者语音语调，就能向外表达自己的“愤怒”“兴奋”或者“害怕”等各种信息。不过话又说回来，这些手段在表达具体的事情方面，当然不如语言来得明白透彻。但是，对类似于“情绪低落地回到家里”这样的事情而言，倒是真的很容易表达明白。

顺带说一句，有时候我会在参加这款游戏的人当中做个问卷调查：“如果你们之中有人迟到了，谁最容易获得原谅？”结果，基本上大家公认是那个游戏玩得最好的人。果不其然，**能够在语言的基础上加入语言之外的信息道歉的人，似乎相对比较容易取得人们的谅解**。所以，让我们通过这款游戏，锻炼提升我们通过语言之外的手段进行沟通交流的能力，成为一个善于与他人沟通思想的人吧。

08 通过捧哏来提高对方的谈话兴致

会捧哏能让对方越说越嗨，聊天更加趣味横生

美国的情景喜剧（Situation Comedy）是一种时长约 30 分钟的喜剧片，比如《欢乐满屋》或者《老友记》。这类电视剧的剧情结构与其他电视剧完全不同。那就是，在制作电视剧的时候让观众也一并入镜，并且将观众的笑声等场外反应也加入电视剧的音效之中。所以如果《欢乐满屋》里的喜剧人物乔伊在电视剧中说了一个笑话，那么随后剧中就会响起观众“哇哈哈哈哈”的笑声。这么做主要基于三个方面的理由。

第一个理由，加入笑声，可以让观众马上知道哪里该笑。举个例子，有时候我们听到一个黑色幽默，出于谨慎会有点拿不准到底是该笑还是不该笑。这时候，如果在一起的大部分人都爆笑起来，那么自己也能安心放声大笑了。

第二个理由，很多人都会受到周围人的感染，如果别人笑自己也会觉得这个东西有意思。我们在看美国情景喜剧的时候，虽然不太明白其中一些过于美式的笑点，但是一样会跟着电视里的笑声开怀一笑不是吗？这里说的就是这个意思。

第三个理由，如果有人被自己所说的话逗得哈哈大笑，那么说话的人也更容易往下说。参演情景喜剧的演员以及专业喜剧演员们如果耳边能够听到观众的笑声，也会更好地发挥出自己的演技。

事情就是这样，一旦有一个人笑，周围的人就会跟着笑。

所以，在我们的日常生活中，也请尽可能地对对方讲的笑话回以积极的笑声吧。而且你要知道，自己主动笑，惠及的不仅是对方以及周围的人，获益最多的还是你自己。举个例子，在看喜剧电影的时候，就算是嘴里横着咬住一根筷子强行做出一副笑脸的表情，也会比面无表情的时候看得更有意思。因此，**就算半带勉强，只要能积极主动地笑着听对方说话，那么让对方觉得自己对他的话感兴趣的可能性就会大幅提高**。所以，不管怎么说，让我们先努力成为一个“笑点低”的人吧。顺便提一句，通过这种方式正面肯定地听取对方的意见，从而朝着积极的方向进行沟通交流，这是即兴技巧的基本概念之一。

日本演艺界称得上大牌的艺人们，基本上都在积极地使用这种方法。这些大牌艺人里的很多人，当他们的工作室发生了什么有趣的事情时，自己往往都是笑得最积极的，虽然不是回回都如此，但大部分情况是这样。举个例子，明石家给人的印象就是经常爆笑不止对吧？而且，电视里的搞笑组合表演时，当搭档说了什么搞笑的事情时，经常连逗哏的人自己都是一边爆笑不止一边扮演逗哏的角色。比如，Down Town 组合中的浜田雅功。当呆头呆脑的松本人志又开始发懵的时候，他总是笑得比旁人更疯狂。而且，他一边“啊哈哈哈”地笑个不停，一边插科打诨地补一句“你这家伙，是个傻瓜吧”之类的话。就这样，浜田先生一笑，观众们便也跟着笑了起来。所以，你也用不着害臊，尽管跟大牌艺人一样，通过自己主动积极的大笑来调动现场的气氛。这是一种非常简单的方法，所以我觉得不用白不用。

09 成为一名说话不被人轻视的专家
巧用“尾木妈妈式”的交流方式，避免东施效颦

说起“尾木妈妈”，就是日本政法大学特聘教授、教育评论家尾木直树先生，他以吴侬软语的鲜明“姐姐”形象而大受欢迎，成为各大电视台竞相追捧的热门红人。也许正是因为“尾木妈妈”和众多孩子接触的经历，使他能够将类似“我这是怎么了嘛？可不能做出这样的事情哇”之类的温柔语气融入自己的身体基因之中吧。

实际上，在今天日本各地已经出现了“尾木妈妈化的交流”现象。举个例子，有时候你走进一家便利店，里面的店员明明是一位体格健硕的男性，却偏偏吊着嗓子柔声跟你打着招呼：“欢迎光临。”然后等到买单的时候更了不得，全身上下动作轻柔，对你点头哈腰、低眉顺眼，脸上堆满了紧张讨好的笑容。

当然了，对于顾客来说，比起爱搭不理来，热情谦逊的待客方式肯定更能让人舒心愉快地消费。因此，从商家的经营角度来看，这种“尾木妈妈式”的交流方式应该是无可厚非的。那是不是就意味着，所有成年男性，都应当变得“尾木妈妈化”呢？就我个人而言，是绝不赞同的。为什么这么说？**因为如果普通人采用“尾木妈妈化”的交流方式，弊端太大了。**

想必你也有这样的经历，当你碰到一个已经“尾木妈妈化”的店员，看见他的外表形象和语言举止完全错位的时候，肯定也会觉得有一种莫名的违和感吧。而且有人还会觉得“有点恶心”。如果你让人觉得恶心了，那说明交流肯定是失败的。很多人都有一种共同的倾向，那就是看不起自己觉得“恶心”的人。所以，如果使用“尾木妈妈化”的交流方式，不但不会有人认为你很专业，而且还很可能被周围的人看扁。

那么，为什么“尾木妈妈”自己却能在那个角色上立得住、站得稳呢？那是因为，“尾木妈妈”本身是知名大学的特聘教授，是一位头顶耀人光环有身份的名人。因为他的这层身份能够为他的工作能力背书，所以就算“尾木妈妈”再怎么“姐姐腔”，周围的人也不可能轻视他。那么，对于一般人而言，又该怎么做才好呢？

当下，能做的只能是不要让自己“尾木妈妈化”，而是谨慎而热情饱满地说话。但是对于那些认为只要提高音量、装出笑脸就能起到良好交流作用的人而言，可能还无法赞同我的观点。因此，这里为大家介绍一位名人供大家借鉴参考。比如，出演了多部综合电视节目的律师八代英辉，就给人一种非常优雅、亲切的印象。大家都记得他始终挂在脸上的笑容，但是他并不用太细柔的嗓音说话，也明显没有“尾木妈妈化”的做派。

这样掌握技巧！ 能不能做到声音低点，但是热情饱满？

那么，怎样才能够掌握八代英辉那样的说话方法呢？**最简单**

的一个方法就是，反复练习“不改变你的音量，而是提升说话的热情”。

下面介绍一款最适合这种练习方法的“你好游戏”。实际上，为了提高声音，本身就需要使用体力，这样一来比较容易就能提升热情。正因如此，很多人在打算热情而礼貌地讲话时，往往会发出过高的音量。所以，首先请一边说“你好”，一边提升自己的热情，一开始即便高声说出来也没关系。然后，维持这份饱满的热情，试试能不能降低音量。这样一来，你就能体会到即便是维持普通的音量，声音也能具有一些张力，然后就可以做到热情饱满、礼貌而又劲头十足地说话了。当然了，即便音调比平时高了一些也没什么问题。

如果能够掌握这种说话方法，那么不论是在商业推销、电话往来还是演讲等任何场合，你都不会再有任何畏惧心理。

成为一个在即兴场合也能掌握好说话节奏的人

10 “带好节奏”，讲出具有说服力的话

不要打乱谈话节奏，超出话题范围的一语带过

这世界上有一种人，为人一板一眼、严谨细致，连卫生也必须收拾得彻底妥妥帖帖才行。在很多情况下，这类人作为商务人士堪称职场的中流砥柱。但是，如果放到即兴谈话的场合，这些性格特征立刻就成了他们的短板。举个例子，假设有一群人聚在起讨论他们曾经去过，并且觉得非常棒的国外旅行目的地。这时候，那种过于刻板的人刚说了一句“嗯，我之前去过纽约……。对不起，请稍等一下……”突然就中断他的发言。然后，从他的包里取出一本手册查阅一番后，才会继续说道：“啊——是 2014 年的时候去的纽约。”虽然他连具体日期都查出来了，但实际上 2014 年这个数字在对话中完全没有提的必要。

如果按照这样的说话方式进行下去，那么节奏就会搞得一团糟，听的人也会变得烦躁不安。但是，对于这种说起话来琐碎啰嗦的人来说，他深信如果不补充完整2014年这个信息，谈话就根本没有办法进行下去。**之所以会变成这样，是因为在说话者的脑海中，很容易说着说着就跑题了**。刚开始的话题是“聊一聊旅行中去过的好玩地方”。听到这个话题后，说话的人就自顾自地将话题定位为“上次去纽约旅行的事情”了，这和原来的话题已经多少有了点偏差。结果，对于满心希望听到原来话题内容的其他人而言，说话者的内容就尽是充斥着一些无关紧要的信息。

不过话又说回来，对于容易自己在脑海中偷换主题的人而言，就算提醒他要正确认识、理解谈话主题，也未免太强人所难。因此，无论如何先试着树立一个强烈的意识，那就是在即兴讲话的时候，“对方没必要知道的事情要说得适可而止”。**你可能会觉得下面的例子中的做法很极端，但你只需记住，一旦自己想说一些会打乱谈话节奏的事情时，就马上一语带过，然后继续沿着原来的话题往下讲就可以了**。话说回来，这么做当然不是要鼓励大家撒谎。比如要随便拿一句话来代替“2014年”的话，用“数年前”这样的词就足够了。沿着这个思路，放在第一优先顺序的就不再是说话的“正确性”，而是“尽量让谈话向前推进”。

“内容马马虎虎但是节奏带得好”，这是政治家在讲话中的拿手好戏。举个例子，2017年就任美国总统的唐纳德·特朗普，他在讲话中“带节奏”能力是最强的！特朗普在总统选举期间，频繁地在他的演讲中提到：“我要在美墨边境修筑一道隔离墙，而且墨西哥要为此买单！”这类演讲只追求带节奏搞气氛，里面却

只要节奏带得好，政策马马虎虎也能大受欢迎

隐藏了墨西哥方面的财政状况等一大堆问题。但是，听到演讲的大部分选民，都被特朗普讲话的良好节奏气氛所吸引，根本不会顾及讲话细节里所潜藏的种种猫腻。

因此，选民虽然一方面觉得“他说的我听不太懂”，但是另一方面却认同了特朗普的讲话。如上所述，带好讲话的节奏，对于增强说服力而言，是一个非常重要的因素。

这样掌握技巧！试一试“30秒严守时间”的演讲

接下来，为大家介绍一款游戏，可以让大家学会在推进谈话中避免说对方无需知道的事情。这是一个每人给定30秒时间演讲，

然后由大家相互倾听的“30 秒游戏”。

由于话题任选，所以大家要在决定话题之后 30 秒内结束演讲。诙谐的俏皮话，对方肯定是很想听到的。但是如果要让对方理解自己的诙谐，就必须让对方了解整个话题的来龙去脉。因此，如果要避免把时间浪费在对方没必要知道的信息上，那么在 30 秒的短时间内就决不能带进诙谐的俏皮话。对那些平时说话老爱跑题的人而言，一定会觉得这个游戏非常难。但是，只要坚持尝试几次，就一定能够逐渐掌握其中的诀窍。做到了这一点，今后即便是即兴讲话，也能做到言简意赅地传达信息了。

11 先在脑海中形成画面，再用语言进行说明

用极具画面感的描述，让对方印象更鲜明

当在自己家附近被人问路时，有的人可以说得很好，有的人却仿佛今天刚搬过来似的根本说不清楚。

以前看过电视节目《彻子的房间》，有一期里面讲到了自己家离特邀嘉宾塔摩利先生家很近这件事情。我记得，当时黑柳彻子女士的描述非常不清楚。当时，黑柳彻子的回答是：“要从我家步行到塔摩利先生家，首先从我家出来后直走拐弯，然后再直走再拐弯，大概这样，然后马上就到了对吧？”至于这段路要走几分钟，大概有几米之类的信息一概没有提到。顺便提一下，当时塔摩利先生听了彻子女士的描述后戳穿她说道：“那个，不管

要去的是哪里，只要一直重复直走拐弯，总能走到的嘛。”真不愧是我们的塔摩利先生。

或许彻子是为了烘托节目的气氛，所以故意描述得很笨拙。不过，我们姑且假设彻子女士就是很不会描述路线，然后对此来细致地分析一番。

当人们准备说明什么事情时，总是先在脑海里浮现出相应的画面，然后通过语言进行说明。根据不同情况，有的人脑海里应该还会浮现出影像。就彻子女士而言，肯定是根据印在脑海中“自己走路时看到的景象”，然后说出路是怎么走的。所以才会出现“直走然后拐弯”这样的说明。然而，如果是一个很擅长指路的人，则是根据脑海中浮现出来的“地图”进行说明的。所以，他们在说明塔摩利先生家和彻子女士家之间的距离时，应该是这样描述的：“虽然直线距离估计只有300米左右，但是因为路比较绕，所以大概要走500米的样子。”显然，这种说法对于理解起两家到底有多近来就容易多了。**总之，如果想要变得更善于说明一件事情，就需要通过训练，让脑海里浮现恰当的画面**。

那么，如何选择恰当的画面呢？要做到这点只有一个办法，那就是要深切关注对方想了解的事情以及自己想要说明的事情。举个例子，假定你是一位全自动洗碗机的销售员。然后，有一位带着孩子的家庭主妇问你，用洗碗机和手洗的区别在哪里。这时，如果你按照说明书扉页上写的内容照本宣科说“洗碗机洗得更干净”，结果会怎么样呢？那种回答在对方的心里根本激不起任何涟漪。但是，你完全可以换个角度，想象一下带娃的家庭主妇使用洗碗机的画面。然后你这么说："洗碗的事情可以交给洗碗机去做，您则可以解放出来和孩子玩玩游戏呀，做做睡前的准备呀什么的。而且洗碗机洗出来的碗闪闪发亮，比手洗干净多了，还能去除细菌，干净又卫生。"结果又会怎样呢？显然后者能够明白无误地把洗碗机的好处告诉顾客。

不管在好莱坞还是日本，这种"描述脑海中画面"的说明之术，都在演员们的训练中被广泛使用。特别是当演员们在记忆比较长的台词，或者叙述从未经历过的事情时，这种方法使用起来非常有效。首先，演员们在脑海中把从未经历过的事情加工成真实的画面或者影像。再通过语言进行说明，就会变得真实而客观。

只要大家牢牢掌握了"描述脑海中画面"的说明之术，那么即便是即兴谈话，也能将你所说的内容鲜明地印在对方的脑海里。

12 让人意犹未尽地聊天

少说俗套的场面话，真诚地交流才能百说不厌

让人觉得"还想再见到一起说话的人"，到底是怎样的人呢？应该是那种能说出自己独特见解或感想的人吧。所以，**作为一名商务人士，想要搭建起广泛的人脉，就要让自己成为一个有独特见解的人**。

但是，很多人都苦于不善表达自己的感想。其中很多人与其说是不善于表达，不如说是"只会讲一些无关痛痒的意见"。举

个例子，有人问："听说你去看了某某电影，感觉怎么样？"被问的人往往不会给出肯定或者否定的意见，而是来一句模棱两可的回答："里面还挺多不错的画面的。"提问的人听到这个回答后会说："那就是挺有意思的咯。"接下来，被问的人会说："故事情节嘛，应该都是萝卜青菜，各有所爱吧。"给出的还是含糊的回答。**这样的回答方式，只会让对方觉得你顾左右而言他。**

的确，对于商务人士来说，在交流中尽量不得罪人，这一点非常重要。所以，为了把所有麻烦扼杀在萌芽之中，变得连对电影的感想都不敢直言表达自己心中真实的感受，也就不难理解了。**不过，这种"连电影的感想都不要说出心里话为好"的观点到底有几分正确呢？恐怕，没那么正确吧。**其实冷静地想一想，除了那种没事也要发飙的超级难缠的客户，不管对谁，发表一下对电影真实感想的自由还是有的吧。所以不用担心，让我们鼓起勇气，尽可能向外表达自己心中真实的想法吧。

这样掌握技巧！请务必加上"我为什么这么想的"

不过话说回来，那些长年扼杀自己的感想，彻头彻尾使用含糊回答的人，或许早就已经忘记该如何顺畅地表达自己内心的真实想法了吧。所以，就算今天突然告诉他"让我们率性地活着吧"，他一时之间也肯定做不到。所以，下面就向大家介绍一种复原法，教你学会"用一句话回答自己的感想"。当被人问起你对某件事情的感想时，你可以试着稍微热情一点，用一句话概括自己的想法，比如你可以说“很有意思”“有点难说”“不喜欢”等。然后，还要再加上你为什么这么认为。

这样一来，对方肯定会详细地往下问。为什么呢？因为对方越往下问，对这个话题就会越感兴趣。一来二去，如果能把你最原汁原味的想法传达给对方，对方就能感觉收获满满。最终，对方就很可能会觉得“以后还想多和这个人聊一聊”。

实际上，**这个方法是服务员的拿手好戏**。对于女服务员或者男服务员来说，如果没有给人留下“以后还想多和这个人聊一聊”的印象，那么生意基本上就黄了。有段时间，我曾经和一位朋友合伙开了一间小酒吧作为副业。那位朋友是一位颇受欢迎的人，在和顾客侃大山方面是公认的好手，甚至有很多铁杆粉丝从很远的地方跑来见他。那位朋友所使用的秘术就是“不要成为烂大街的客气应声虫”。

在这个世界上，最不缺的就是“客气的人”。所以，如果听完对方说的事情后，只能像客气的应声虫一样给出千篇一律的反应，那么在对方眼里你只是个毫无个性可言的人，自然不会成为你的铁杆粉丝。的确，即便是商务人士，比起那些非常客气、小心谨慎的新入职员来，就算那些想什么说什么的年轻人多少有些意气莽撞，但大家还是更愿意听他们说的话。

但是话又说回来，如果由于不善于察言观色而变得过于直率，也有可能会遭遇失败。所以，首先让我们记住一点，那就是“用一句话回答自己的感想”，并且努力争取成为一名比可有可无好一点的商务人士吧。

13 通过举例来准确表达好恶程度

表达好恶要精准拿捏，才不容易引人误解

在年轻女性之中，有的人总是习惯热情地客套。举个例子，假设有位大叔感慨说：“我很喜欢南方之星乐团。”不料，这时一旁的年轻女子兴致勃勃地附和说：“小时候我的父母亲经常听南方之星的歌，所以我也好喜欢他们！”

听到这些话以后情绪高涨的大叔不禁追问道：“真的吗！那你喜欢哪首曲子？”结果，女子只得支支吾吾地回答说：“嗯……具体什么歌名我想不起来了，但就是那首最有名的歌啦。”那位原本以为和年轻女子找到共同爱好而兴高采烈的大叔，也顿时变得兴味索然，现场气氛尴尬。

之所以会发生这样的事情，是因为女子没有把“喜欢”的程度正确地传达给对方。我们先假定上述例子中的女子，并不是为了谄媚男子才说“超级喜欢”这句话的。她只是在自己的脑海中觉得“南方之星是自己小时候父母经常听的歌手”，这个点勾起她的思乡之情，所以才来了兴致。

但是，女子却把这些情绪非常简单地用一句“超级喜欢”传达给男子。这样的话一说出口，一般人肯定会误解，觉得你理所当然记得那些歌名。

就像这样，**如果不清晰地向对方传达自己真实的好恶程度，即便在商务场合也会引起麻烦**。下面向大家讲一个我自己亲身经历的因对上级说的话过分理解而引发问题的事例。有一次，某档

新闻节目的编导说了一句："我不喜欢新闻节目中的背景音乐！"从那以后，所有职员都不在节目中使用背景音乐，而改为录制VCR（短视频）。

结果有一次那位编导却怒了，质问道："为什么这档节目的职员都不用背景音乐？"这时，主播一脸疑惑地问道："不是你叫我们不要用的吗？"

实际情况是，编导第一次想说的意思其实只是觉得"播出的节目是不是太过依赖背景音乐了点"，结果主播们却做了过度的理解。**其实地位高的人说的话很容易被下面的人层层加码理解，所以正确地使用语言很重要。**

这样掌握技巧！通过糕点面包来练习"到底有多喜欢"的表达力

想要防止这样的误解，只有一种办法，那就是正确地和对方分享自己好恶程度。针对这种情况我要推荐给大家的方法就是"通过举例来表达好恶的程度"。

举个例子，请思考一下自己对喜欢的面包到底有多喜欢。假设有个人在桌子上摆了好几个面包，让他一边用手一个一个指着面包，一边逐个说出对那款面包的喜欢程度。

这时，即使他说了一堆"这个面包我是真喜欢""这个面包我超喜欢"之类的话，听的人还是完全不得要领。但是，如果他换成这样说："这款面包如果在附近有卖，我会时不时买来尝尝。"或者"如果是买这款面包，让我排30分钟的队也愿意。"结果又会怎样呢？显然，对哪一款面包究竟喜欢到什么程度，后者就表达得非常清晰了。

就像这样，如果想要表达对某件事的好恶程度，可以试着加入一些类似“如果怎么怎么样，那么就怎么怎么样”这样的假设举例元素来表达。这样一来，就一定可以把自己想法的程度清晰地传达给对方。

短评 谈话就是“说、听”+“节奏”

顺应力，就是在谈话中“能够瞬间抓住最好的回应切入点进行谈话”的能力。一般来说，人们很容易把谈话理解为只有“说”和“听”两部分组成。但是，除了这两个部分之外，还有一个非常重要的组成要素，那就是“节奏”。顺应力又可以表现为对这种节奏的控制能力。我们都知道，要玩好跳绳游戏，需要摇绳的人和跳绳的人齐心协力，掌握好摇绳和跳绳的节奏。如果各自为阵，即便摇绳的人练就了一手好腕力，跳绳的人练就了一腿好弹跳力，也绝对跳不好绳子。谈话和跳绳非常相似。如果把“说”和“听”孤立开来，就算做了再多的训练，同样掌握不好节奏的控制力，亦即掌握不了顺应力，也就绝对无法在谈话中配合得天衣无缝。

第2章

让人忍不住“还想再见面”

成为一个有趣的人的出色谈话技巧

效果

在即兴谈话中谈笑风生

14 在笑谈中树立睿智形象

调侃时多用时事热词，风趣中更显睿智

说话有趣的人分好几种类型。比如，有的属于装疯卖傻的搞笑型、有的擅长讲下流的段子、有的则是充满睿智的风趣等等，多种多样不一而足。其中，**对于商务人士来说，成为一个“充满睿智又风趣的人”应该是最为上乘的选择吧。**

在这里请大家试着思考一个问题，充满睿智又风趣的人到底是怎么样的？比如，在谐星当中也有很多给人留下睿智印象的人，像彼得武（即北野武）先生、爆笑问题的太田光先生等等。他们为什么可以做到这一点呢？因为两人都非常擅长通过在新闻中频繁出现的“时事热词”捕捉笑点。**要想利用时事热词讲笑话，一要理解新闻时事，二要有自己独特的视角，这两者缺一不可。因此，能够大量使用时事热词讲笑话的人，才能在人们的心里留下 “尽**

知天下之事”的睿智形象。

在这里，我们为大家分析一个使用充满睿智的时事热词来调侃的案例，那就是特朗普在竞选美国总统的过程中，美国前总统奥巴马对他的调侃。早在20世纪80年代开始，特朗普就因为要参加总统大选的传言而声名鹊起。但是，那时候他的身份只是个地产大亨，或者选美大赛的金主，根本没有从政经验。奥巴马正是抓住这一点，半开玩笑地嘲讽道：“谁说特朗普在外交政策方面缺乏经验，他长年以来和世界各地的领导人进行了各种会谈。有瑞典小姐、阿根廷小姐、阿塞拜疆小姐。”**如果奥巴马对正在参选的唐纳德·特朗普到底是个怎样的人，他当选后会做出什么样的动作没有一个精准的把握，那他这个玩笑是绝对开不出来的。虽然这个玩笑有点太毒舌，不过能够借外交的壳子揭露特朗普会见环球小姐这些美人们的行为，也算是一种让人耳目一新的独特视角。因此，不管喜不喜欢这个笑话，很多人都能从中感受到奥巴马充满睿智的幽默。**

接下来我们再来分析一下特朗普的调侃手法，虽然大家也认可他的玩笑幽默有趣，但是却几乎没有人认为他睿智。有一次特朗普参加一场选举集会，活动正进入高潮之际，听众席上有个婴儿突然哭了起来。这时特朗普高声说道：“大家别在意。我非常喜欢孩子。孩子本来就是爱哭的。”正当下面的听众开始觉得“没想到特朗普也是个和蔼可亲的人呢”，下一秒特朗普却变脸补充说道：“我开玩笑的！”这还没完，特朗普继续说道：“说实话，我不喜欢在孩子的哭声中说话。能不能把孩子给我弄出去？”据说，这个玩笑也在会场上引起了一片笑声。但是过后，特朗普因为这个玩笑遭到媒体的猛烈抨击，说他“连小孩都攻击”！

那么，同样是毒舌的调侃，为什么特朗普的玩笑和奥巴马的玩笑会不一样，为什么他的玩笑里看不出任何睿智的影子？原因就在于，**说他这种类型的笑话只需要具备“言人之所难言的勇气”这一个条件就足够了**。无论从哪方面看，这个笑话既没有独特的视角，也没有“必须把握时事问题”这一必备的要素。但是话说回来，这类笑话会比奥巴马那种充满睿智的笑话更能引起更多人哄堂大笑。实际上，这个婴儿笑话是特朗普的招牌段子。早在特朗普还为当选总统的十多年前，我就曾经去听过他的演讲，那时候他就用同样的笑话逗乐了会场里的听众。

实际上，作为商务人士，如果地位越高就越没有人敢对他横眉怒目，所以也就越容易讲这类“只不过是言人之所难言的玩笑”。特朗普不也正是他们的其中一员吗？**但是，对商务人士而言，绝对还是睿智的幽默更胜一筹。**

这样掌握技巧！试试瞬间说出往届流行语大奖的时事热词

最后，向大家介绍一款“流行语大奖游戏”，通过这款游戏帮助大家能够使用时事热词说出充满睿智的笑话。游戏是这样做的：首先，写出曾经被选定为流行语的词语，放在容易看见的地方，几个人聚在一起开始谈话。

游戏中，如果出现了能正好切合流行语的话题，只要试着说出“也就是所谓的 ×× 了”就可以了。举个例子，说到陷入烦恼中的大人物的话题时，就可以使用 2017 年出现的流行语“忖度”，试着说出“没办法啊。就像大家所说的，只有忖度忖度啦”！只要做到这个程度就够了，所以如果自己设置的场景中有符合时事热词的，不妨大胆地说出口就可以了。熟悉这个游戏以后，不仅要在对话的过程中加入贴切的时事热词，还要试着注意提炼自己独特的视角。做完这些，以后即便在即兴的场合，你也一定能讲出更有趣的笑话。

15 减少不受欢迎的笑话带来的破坏

讲的笑话没人笑，马上换个梗来救场

不管什么事情，如果自己有“准备这么讲”的事前设想，则一旦出现了意外情况，真的会让人很焦虑。如果遭遇这种情况，那么请不要再拘泥于自己事前的设想。我建议尽量用“有别于事前设定的梗来收尾”。

读到这里，或许有读者会心下发笑，觉得“这还用你讲啊！”但是，实际上很多人无意之中都把宝押在了自己的事前准备上。所以，说话者本人在下意识中都有很强的倾向，他们无视现场的氛围变化，只一味地硬说自己事前准备发言的内容。

这里举个非常好理解的例子，是关于我读高中时候一位老师的轶事。那位老师一直在学习武术，是那种外表刚硬且少言寡语

的类型。

就是这样一位老师，有一次突然说："我有点话要说。"然后，他就非常严肃地说道："老师我一直只关注格斗，对棒球不是很熟悉。大家知道那位外号叫ゴリラ[①]的日本棒球选手松井秀喜吗？"

因为他在开头就宣称自己不熟悉棒球，所以后面一说出松井的绰号ゴリラ（大猩猩）时，我们大家伙都愣住了。学生们拿不准老师到底是在开玩笑，还是真的搞错了，所以不知道该作何反应。因此，教室里出现了10秒的沉默。结果老师还不死心，不失时机地又问了一次："有没有知道ゴリラ（大猩猩）的同学？"老师都追问到这个份上了，终于有一位同学满脸怪异地开口应道："您是说ゴジラ（哥斯拉）松井秀喜吧？"这时，所有同学瞬间爆笑起来，教室里吵吵嚷嚷一发不可收拾。那一刻，老师的威严可谓荡无存。

从事现在的职业以后再来分析其中的问题，我发现老师当时需要掌握的是一项"用有别于事前设定的梗来收尾"的救场技巧。下面我们来详细说明。老师也有可能是故意用"ゴリラ（大猩猩）"这个关键词来博取同学们的笑声，但是同学们一时没反应过来，所以教室里出现了10秒左右的沉默。之后，老师仍然**选择抛出第一次失灵的关键词，企图再次博取同学们大笑的策略无疑是失败的**。如果硬要装傻充愣到底的话，完全可以说一句"咦？

---

① ゴリラ：大猩猩。但实际上松井秀喜的外号叫ゴジラ（哥斯拉）。

好像不是ゴリラ（大猩猩）松井，而是ゴジラ（哥斯拉）松井哦”之类的，**干脆让大家知道自己是在开玩笑，把话题岔开就可以了。也可以用“咦？我还以为这是个有趣的段子，看来老师的笑话不好笑啦”干脆自嘲一下出丑的自己，也是一种很好的转移方式。**如果能这样处理，虽然多少难免闹点笑话，但是肯定能避免自己的尴尬。

这些方面要注意！强扭的笑话最忌讳

这位老师的例子，并不是什么特例。特别是一些有身份地位的人，**最容易频繁地犯这类错误，总是强扭事前准备好的笑话，搞得周围的人笑也不是不笑也不是。**下面介绍的这位先生也是抱怨“准备的梗这么有意思，居然不受待见。真是莫名其妙”！这话听了，让人总觉得怪怪的。**没错，说到莫名其妙，肯定有什么地方莫名其妙。但是，说话的人决不能对问题视而不见，也不能把问题推到听众的身上。我们必须要清楚地认识到，问题出在说话人自己的身上。**在此基础上，我们一定可以做出和事前设想不一样的反应。说得夸张点，这可是即兴讲话中最重要的技巧。

如果不这么做，虽然你只不过讲了一个蹩脚的笑话，但是却甚至可能被某个认死理的人误认为“那是个时常说些莫名其妙的话的人”。笑话讲崩了不要紧，但是如果让人觉得不知道你到底是不是在讲笑话，那可就危险了。

16 调侃时拿共同熟知的事物做例子

消遣他人要掌握好分寸，尽量避免伤害别人

最简单的逗笑方法之一，就是“举出长相相似的人”。这种方法不需要复杂的想法，只要能简单地勾起回忆，就能很大概率地逗人发笑。所以，这个方法跟冷笑话一样容易让人上瘾。

但是，其中也存在很大的缺陷。那就是“这种笑点很容易引起别人的不快”。实际上，因为这是一种为了逗大家而故意说笑的方法，所以肯定很多人有过这方面不愉快的经历。

为什么会这样？**因为很多时候都是，一旦有人提出“A 和某某人很像”，结果事情就变成向周围所有人宣告 A 在这方面的自卑点**。举个例子，我们假设有个下颌稍微有点扁的女性，却意外地被人说长得很像下颌非常漂亮的绫濑遥。或许，评价的人只是说她长得很像漂亮的女明星，而并没有恶意。但是，如果被说的女生对自己的下颌抱有强烈的自卑感，那么这话听到她的耳朵里就很有可能只剩下挖苦和恶意了。

但是，**对于很多喜欢用这个方法逗笑的人来说，每当听到对方颇有同感地应道“还真是！是挺像的”，他就像被注射了一剂强力的脑内兴奋剂一般乐得难以自拔了**。因此，就算被说的人已经表现出明显的不快，他也毫不在意。而且，他还会执拗地向周围的人不断重复宣扬“A 是不是跟绫濑遥长得很像？比如下颌的曲线什么的”，直到有人认同他的意见为止。

如上所述，这种笑话，也经常孕育着伤害他人的风险。因此，

类似于“跟谁很像”这种与人的姿容有关的话题，基本上应该尽量避免在商务场合使用。

尽管如此，如果根据话题的需要，拿那种对方完全不认识的人举例子，比如说“你和我妹妹长得好像，我都差点认错了”之类的，则没有任何问题。**总之，关键的是不要演变成“消遣别人的姿容”**。因此反过来说，如果能够避免消遣别人的姿容，“拿共同熟知的事物做例子”的方法真的是一种非常常用的谈话技巧。

当然，这里共同熟知的事物，可以是艺人，可以是动物，也可以是漫画人物。因此，**我们还可以积极地尝试一下拿某个众人所共知的能力或者样子做例子**，比如说，“我们销售部门的熊田，平时就像维尼熊一样憨厚老实。不过，一旦发现了目标客户，整个人就像木雕熊一样死缠着猎物不放”之类的。

顺便提一句，这时候如果能够从共同熟知的范围内，挖出一个听者完全没想到的突出人物，把他身上的特点说得越真实越细致，引来的笑声越欢乐。比如，以前大家都习惯说“就像和田现子一样高大”，来形容个子高的人。但是，如果你能说出“和曾经 62 秒击败横纲曙太郎，身高 2.3 米的“巨人”席尔瓦比肩的大个子”这样的话，那么格斗迷听了一定会“扑哧”一声会心地笑起来。大明星关根勤先生就经常使用这种表现方式。

此外，在使用“拿共同熟知的事物做例子”来逗笑的方法时，还有一点需要注意。那就是，**绝对不要因为仓促行事而拿根本想不起来的人作比拟**。有时候，我们就会遇到一些人在提到某人像谁的时候卡在那里，一边自言自语地说“咦？ A 先生很像那个谁来着……”，一边非常执着地拼命苦思一个连自己都想不起来的人。到底像的是谁，反正也就是个假设的话题罢了，没有他话头也能照样继续说下去。

尽管如此，那些就算卡住了也依然淡定地自说自话的人，很有可能当他们在说自己想说的事情时，根本不会在意对方心里舒不舒服。在即兴谈话的时候，成功推测并读取对方对自己发言的想法，是一项不可或缺的能力。如果觉得自己在这方面有所欠缺，那就要在日常对话中稍加留意。

这样掌握技巧！即便拿《龙珠》中的人物作为共同熟知的人也没有问题

那么最后，我们再来介绍这款能够训练大家“拿共同熟知的事物做例子”来逗笑的“好像 ×× 的游戏”。游戏规则是，首先选定一位名人作为谈话的主题。然后，试着挑战一下，说出这个人的性格或者言行等可以用来作为“共同熟知的举例”事项。举个例子，假设我们用总是让人感觉喜怒无常的演员梅泽富美男作谈话的主题。

然后，思考一下他身上什么点最疯狂，最容易引人发笑。举个例子，如果对方对《龙珠》很熟，那么我们可以这么说：“这次在节目中被整的梅泽富美男先生，就像同门师兄克林被杀掉时的孙悟空一样，气得暴跳如雷”①，这种表现手法一定可以收到很

① “克林”和“孙悟空”都是日本著名漫画家鸟山明享誉全球的漫画作品《龙珠》中的虚拟人物。《龙珠》的创作灵感来源于中国古代的龙珠传说和《西游记》。

好的效果。通过反复玩这个游戏，试着在心里掌握几个自己容易用来举例的人物。久而久之，我们就可以把自己训练成一个在即兴场合也能自由自在地拿各种事物或者人物来作为“共同熟知的逗笑题材”的人了。

17 噼里啪啦地说出即兴场合不可或缺的轻笑话

善于把事物拟人化，轻笑话多到停不下来

能够说一些人畜无害的轻笑话来缓和现场气氛的人，我们不说对他们充满敬意，但至少会觉得他们是“能人”。这次，我们为大家介绍一种能够简单可靠地掌握轻笑话的谈话技巧。

越是那些想成为领导或者明星的人，越希望掌握这种谈话技巧。因为在欧美国家，幽默感是成为一名领导或明星的必备素质，大家都非常重视培养说笑的能力。因此，相对于日本人而言，欧美的明星们在“需要说笑的时候”总是能抓准时机爆发出超强的幽默感。

举个例子，1981 年美国发生了里根总统遇刺事件。胸部中弹的里根，被迅速送往医院接受紧急手术。当时，中弹倒地身受重伤的里根，还不忘大声地向负责手术的外科医生们喊道：“如果你们是共和党员就好了。”这时，身为民主党员的主刀医生们也开玩笑地回答道：“总统阁下，我们今天就当一天共和党员。”

如果站在日本人的角度，估计会有人抱怨说：“在这么紧急的关头怎么还有心思开玩笑啊？”但是，当这次玩笑被媒体报道出来以后，里根的支持率急速飙升。为什么在如此危机的时刻开玩笑，在美国反而能够广受赞誉呢？那是因为**在美国，人们要求领袖一定要能够时刻保持沉着冷静**。而且，能够开玩笑也被认为是一种游刃有余的表现。如果，当时中枪的里根喊的是“好痛！好痛”，那结果会怎么样呢？那样一来，因枪击事件而陷入恐慌的围观人群闻言，一定会以为“大事不好”，从而陷入更大的恐慌之中。但是，**如果身受重伤的总统本人尚且还在开玩笑，那么周围原本已经陷入恐慌的工作人员也多少能够恢复镇定**。

在日本则不同，或许人们不太喜欢在非常紧急的情况下开玩笑。尽管如此，即便是在全部都是日本人的谈话场合，如果能在剑拔弩张的场合说个笑话缓和气氛，也能收到奇效。但要注意的是，也**没必要闹得大家都笑岔气的那种爆笑**。**只要发了声，没人笑也没关系，你说的笑话能让周围的人明白“我在开玩笑”就足够了**。

这样掌握技巧！可以把事物拟人化，比如说“电脑在休带薪假”！

这里教给大家一个任何场合都能使用，超简单但是却能受欢迎的搞笑方法。那就是“通过拟人的方式来表现事物”的方法。我们通过一款叫做“把事物比喻成大叔的游戏”，就可以非常轻松简单地掌握它。游戏方法也非常简单，自己一个人就能玩。

首先决定一件事物作为主题，无论什么都可以，只要思考一下将它拟人的时候该怎么表达就可以了。举个例子，假设游戏的主题是“电脑”。那么我们就可以这么表达正在送修的电脑：“这台电脑用了很久了，现在正在休带薪假呢。”或者，当电脑的风扇突然发出响亮刺耳的“嗡”鸣声时，可以说“这家伙突然哼起歌来，吓我一跳呢”。当复印机卡纸时，则可以说“这家伙正打嗝呢”，等等，各种说法都可以用。只要花时间多想想这些例子，将来有一天我们就可以在即兴场合也能说出像样的笑话，让对方感到“原来你在说笑话呀（处于游刃有余的状态）”。

要搞即兴噱头，拟人化是基本套路！

18 把确实受欢迎的招牌段子融入即兴谈话中

招牌段子可以在即兴谈话中反复使用，不断收割笑声

高人气的连锁店在各个角落一家接一家地开起了新分店。之所以能做到这一点，是因为他们有这方面的专长，知道“在什么地方，什么价格区间，开什么样风格的店能火”。可以说这件事情和即兴谈话在道理上是完全一样的。**曾经在和某人的谈话中受到欢迎的话，很可能在任何场合都能通用，并起到同样的效果。因此，如果一时想不到有什么能切合对方意思的即兴话题时，只要照搬一次过去曾经受欢迎的话就可以了。**

很多谐星也经常使用这一手法。比如在村上昭二的梗里面有这样一个段子：当有人问他“这到底是怎么回事”时，他会顺手从口袋里掏出一个装了酱油的瓶子回答道：“就是酱油[①]回事！”。这个梗在村上先生的笑话库里是比较受欢迎的。也就是说，这是一个融入了“只要说了就会受欢迎”秘方的梗。后来明石家明石家秋刀鱼也看上了这个梗。所以，有一年在富士电视台上“27 小时电视”节目时，明石家秋刀鱼乐此不疲地用了好几次“就是酱油回事”这个梗。甚至在节目收尾的最后一句谢幕词上，还拿出来讲了一遍。结果，后来影响不断扩大，乃至明石家秋刀鱼甚至参演了龟甲万酱油的广告片。当然了，

---

① 日语中，しょうゆう(酱油)与そういう(那么回事)谐音。

即便是明石家秋刀鱼，也不可能所说的所有梗都能产生参演广告片的影响力。应该说，能造成这种程度影响的一个重要因素，还是因为村上昭二已经把逗人发笑的秘方融入了“就是酱油回事”的笑梗之中。

然而对于一般人而言，不可能人人身边都有一个村上昭二，也没有明石家秋刀鱼那样的搞笑天赋。即便如此，只要记住“重复使用谈话中出现的有趣关键词”，就可以说出有趣的话来。

举个例子，在我认识的人里面，有一个秃得非常严重的人。他不只是那种严重脱发的程度，而是秃得脑袋精光发亮。那是一个非常懂得自我介绍的人，身怀吸引众人的招牌手段。那就是，他会在一片严肃认真绝不像要讲笑话的氛围中突然来一句笑哏，“话一说！我 18 岁开始就秃啦”。听到这样的自我介绍，人们都会不由得忍俊不禁。这份招牌的自我介绍，其实也脱胎于“重复使用谈话中出现的有趣关键词”这一方法。以前，他在跟人说话的时候，不经意间谈起了自己“18 岁开始就秃顶”的话题，没想到似乎还大受欢迎。从那以后，他就反复使用“18 岁开始秃顶”这个关键词，在各种各样的场合收割笑声。

这个重复使用有趣关键词的技巧中，有一点非常重要。那就是，不是仅仅重复使用 2 次或者 3 次，而是不厌其烦地反复说反复用，这样一定会有收获。

前面提到的那个从 18 岁就开始秃顶的人，就是每次都用同样的开场白作自我介绍的。毫无疑问，初次见面的人肯定是会笑的。不过，**就连听过无数遍的我，每次都还是越听越好笑，心想着这**

小子“又来了”。参加“27 小时电视”节目的明石家秋刀鱼，也在节目中暗示观众“你们想听的不就是这个吗”，然后不厌其烦地重复使用“就是酱油回事”的梗。通过这种方式，只要说重复的话就能逗笑了。所以，我们在日常对话中，要把那些偶然提到却受到大家欢迎的事情，主动地做个备忘。把这些内容记牢，一有机会就试着大讲特讲。只要坚持这么做，那么这些话大概率能够成为你今后逗笑的看家本领。

这样掌握技巧! ▶ 刚开始时模仿电视节目也可以!

接下来，为大家介绍一款“炸虾大碗盖饭游戏”。实际上，这种重复使用的笑话，在搞笑界被称为“炸虾大碗盖饭”。据说，这是因为在炸虾大碗盖饭里一般会放两只大虾，这和“相同的段子美味两次”的意思不谋而合，不过我是理解不来。但是，这种训练方法连专业的艺人们都在用，所以请一定要试一试。

游戏是这样玩的。首先，找个人一起看电视或者连续剧。然后，把电视里有趣的某句话，复述给身边的那个人听。因为从电视里找出来的话都是经过检验确定能够逗笑的话，所以只要熟练掌握，你也一定可以成功逗笑别人。虽然最理想的状态是，希望能够发明出自己原汁原味的语言，但是刚开始的时候只要能使用电视上的语言就可以了，所以请尽量抓住逗笑的诀窍。通过这些训练，以后即便在即兴的说话场合，你也能够通过反复使用有趣的关键词而成功逗笑了。

19 不管对方是谁，都能把他逗笑

用各种老梗试探出对方的兴趣点，在谈话中稳稳逗笑对方

在跟初次见面的人说话时，我们都会注意观察对方是个什么样的人，对吧？因此，很多人都会问对方："你平时都做些什么呢？"但是，如果遇到一个不善言辞的人，那么他一句"那个……也没干什么"，就可以把话聊死了。

这时候，人们就很容易倾向于通过对方的表情、声调等因素来判断他的人品，比如觉得对方是个"懒洋洋的人"，或者是个"怕生的人"等等。但实际上，这种建立在少量信息基础上的先入为主，很多时候下的判断并不准确。有的人虽然觉得自己是个"怕生的人"，但实际上只是稍微有点腼腆，很多时候反而是个相当能说的人。

针对这种情况有一种非常有效的方法，那就是"试着全方位说一些老梗"。具体而言，**就是当和对方的谈话气氛无法充分调动起来的时候，只要开玩笑似的说一些大家都浅显易懂的话就可以了**。比如，对刚才例子中那位回答"什么也没做"的人，我们可以试着这样笑着对他说："那你就是像'哆啦A梦'中的伸太那种类型的吧？"看看效果会怎样。这样一来，我们就可以根据对方的反应，推测出更加准确的人物性格。举个例子，如果对方还是一副完全提不起兴趣的态度，那么我们就可以知道，这是一个即便在初次见面的人面前，也依然我行我素的类型了。或者，如果对方回答"我这人比较胖，所以比起伸太来，我可能更像胖

虎”，我们就可以很明确地知道这是一个幽默而喜欢说话的人。

此外，这个方法也有一些注意事项。那就是，当我们在初次见面的人跟前说了一些“梗味十足”的话，但是却遭遇惨败的时候该怎么办？这种时候，**我们一定要果断地把它当作对对方性格的一次探查，然后大大方方地接受失败**。

我们要做的是，同样的梗绝对不要再说第二次。我们可以借助一些时事、漫画、电影段子，甚至是略带毒舌风格的段子等等，在抛出各种不同梗的同时，探清对方的底细。只要持续加码，一旦发现对方笑着回应的兴趣点时，请马上以此话题为中心铺开你们的谈话。

这里的要点就是，不管三七二十一，先说一些任谁都能理解的老梗。为什么这么说呢？因为如果无法让对方知道自己在开玩笑，那么对方就会陷入狐疑困惑，结果我们也别想从中获取任何信息。举个例子，假设我学着 YouTuber 上有名的渡边 MAHOTO 先生的样子，对一位 70 年代出生的人这样作自我介绍：“您好，我是渡边。咻咻咻咻！”结果会怎么样呢？不用说，对方肯定不知道什么意思，只能一脸懵懂。

实际上，只要大家能像这样，**积极地思考到底自己说什么才能够吸引对方跟上自己的话题并会心微笑，就一定能够让自己的商务交涉能力突飞猛进**。因为，想办法“说一些能受对方欢迎的话”，跟思考什么样的商品能够大卖的原理是非常相似的。根据目标客户的性别、年龄、年收入等各种因素，思考判断他们会购买什么样的商品，这是征战生意场不可或缺的能力。另一方面，想要说一些能受到对方欢迎的话也是一样，必须根据眼前这个人的年龄、背景等因素，积极思考对方的兴趣点在哪里。

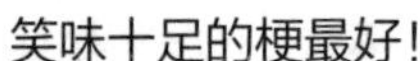

这样掌握技巧！ 试着想一想如何受到特定某个人的欢迎

接下来介绍这款“点对点游戏”，通过思考受欢迎的梗来提高自己的商务嗅觉。这款游戏由自己一人独立完成。请在自己平时接触的人之中，选定一个想要“试着逗他发笑”的人。然后，思考什么点对其他人可能无效，但是对他说一定可以勾起他的兴趣。举个例子，如果是个喜欢足球的朋友，则思考一下“那家伙，不是超喜欢 ×× 队吗”，这样就足够了。如果能坚持这样训练，则不但能够提高把握对方性格的能力，而且以后即使在和初次见面的人即兴谈话时，也能更容易展开话题。并且，还能同步滋养你的商务嗅觉。

20 利用笑梗来吸引更多人的注意

多次连续使用超简单的经典笑梗，能快速吸引人注意

在电视上的选举特别节目中，池上彰先生对善于精准抓住听众心理的小泉进次郎众议员的演讲进行了分析，一时引起了大家的关注。小泉先生的演讲有固定的范式，一般都是从吸引人的冷笑话或者当地的方言切入。

举个例子，小泉先生在能登半岛的石川县演讲时，就通过一句“接下来必须要做的，不是 NHK（日本放送协会）的《最佳歌手》，而是小泉进次郎的《最佳能登》[①]”，引得年长者爆笑如雷。**一如所述，小泉先生之所以善于在演讲时抓住人心，就是不管三七二十一先抛出一通紧贴听众的老梗。实际上，在大众群体前讲话时，抛出一些像冷笑话这类的老梗是一种非常奏效的方法。**

为了弄明白其中的道理，首先让我们思考一下到底什么是“老梗”。**这里所谓的“老”就是“经典中的经典”的意思。**也就是说，是从很早以前就开始被使用，无论谁都能明白那是一条梗的那种

---

①《のど自慢》是NHK（日本放送协会）的一档歌唱比赛节目，因日语中“のど”与“能登”谐音，故而被小泉进次郎巧妙引用。

老梗。**“无论谁都能明白”这一点，在抓住人心方面是非常重要的因素。为什么这么说呢？因为在面对人数众多的场合，只要说出的梗稍微有点生僻，就必然会有一部分人无法理解。对那些说生僻梗的人，这部分听众就会感觉“这个人尽说一些我听不懂跟我毫无关系的话”，从而对他讲的所有话都失去兴趣**。这种情况，对说话者而言百害而无一利。

这里还有一个问题。有人会问，在大众群体前讲话时，不是本来就可以选择“不讲笑梗”吗？当然了，我们也不能说这个选项就一定不对。但是，如果能讲一些老梗，确实能够调动谈话的气氛。为什么呢？因为只要让大家看到说话者能讲笑梗的姿态，仅凭这一点，听众的态度就会转为“再往下听听看”。其中的道理就在于，说话者在讲大家都容易明白的笑梗的同时，也就相当于“在说大家都容易明白的话”。也就是说，比起那些生僻难懂的梗来，听众的脑海中已经产生了与之截然相反的感受了。

读到这里，或许有人又会产生新的疑问。那就是，如果在说老笑梗的时候冷场了怎么办？的确，想到这一点，或许有人会觉得很恐怖，从而失去说梗的兴趣。但是，大家完全不用担心。为什么呢？**因为，如果是大家都能明白的梗，只要不是在不适合说笑话的场合说，只要不是带有人身攻击的笑话，就算不受大家欢迎也同样不会产生什么大问题**。只要玩笑的逻辑足够清晰明了，听的人就算不笑也会明白这只不过是一个笑话。这样一来，听的人就会觉得**“这个笑话不符合我的口味。下一个不知道怎么样”**，从而对你所说的话题持续保持兴趣。

实际上，彼得武先生虽然是个超级大人物，但是却根本不在乎自己到底受不受欢迎，不管在哪里只要有台阶就跳上去，只要有话筒就扑过去。所以，我们更不用害怕失败，只要通过使用“多次连续使用超简单笑梗”的方法，来加强说话者和观众之间的互动联系就可以了。

这样掌握技巧！试着“笑意盈盈”地说出你的老笑话

接下来介绍一款训练人们讲老笑话的“经典游戏”。实际上，很多人在讲笑话的时候都容易忘记一件事情，那就是露出一副“接下来我可要说梗啦”的经典笑容。如果忘了这种笑容，即便你讲的是很容易理解的老笑梗，结果也只会收到跟好笑的政治家在国会说笑话一样的效果。因此，这款经典游戏只有一个目的，就是要让你尝试带着满脸的笑容说出老笑话。冷笑话也好还是其他什么都好，只要试着露出经典的笑容对人讲出你所想到的笑话就可以了。只要做到了“笑意盈盈”，即便是讲同一件事情，也极有可能获得比此前更多的欢迎。

21 冷笑话赢不来笑声时要警醒

讲冷笑话不是为了自我满足，而是为了取悦对方

在前一章的主题中我们曾建议大家讲冷笑话，但是在这一章

中我们要着重说明，不能落入冷笑话中毒的陷阱，不能为了满足自己的表现欲而说出连篇的冷笑话。

话说，明石家明石家秋刀鱼素有“搞笑怪兽”之称。因为他一天 24 小时都在想着怎么搞笑的事情，随时都准备“笑一场”。从普罗大众的角度考虑，应该觉得不会有人对笑话如此痴迷吧。然而，实际情况并非如此。**事实上，在我们这些普罗大众之中，也有一部分人虽然完全无法逗乐他人，但却是实打实的“搞笑怪兽”**。比如，那些虽然根本不受欢迎，但是却喜欢不停说冷笑或讲谜语的人。想必，在你漫长的人生之路上，肯定也碰到过那么一两个完全逗不了乐的“搞笑怪兽”吧。

实际上，就连那些专业逗乐的谐星，很多也并不是靠冷笑话或者讲谜语来逗乐的。不过，说冷笑话或者讲谜语很少会彻底冷场，只要有那么个意思在，大部分听众多少都会给点回应，至少还能觉得“咦，有点意思”。因此，只要能说出冷笑话，至少说话的人能够获得一种自我认可上的满足，就像饱饱地吸上了一口精神鸦片。也正因如此，说话的人才会容易越陷越深，最终沉迷于讲那些完全不受欢迎的冷笑话。这样的状态，绝不是一种正常的状态。

话说，**在美国有一种由喜剧演员担任讲师的专业讲座，面向商务人士传授逗笑技巧。而且，像推特的管理者等一些非常一流的商务人士，也对自己接受的这类课程推崇备至。因为，越是一流的商务人士，一旦学习了正统的逗笑技巧，就越能够明白自己在富于幽默感的灵活思维能力和沟通能力上所得到的提升锻炼**。他们在训练期间非常注重的一点，就是要在体察对方的性格和喜好的基础上，想办法让对方喜笑颜开。为什么呢？因为无视对方感受的笑话，对于商务人士而言根本就一无是处。

这一点，通过分析日本那些沉溺于整天说冷笑话的人，就可以马上明白了。**他们所说的笑话，只不过在取悦自己而已，根本没有愉悦对方的意思**。所以，在说笑话之前也根本没怎么经过深度思考。他们所做的，只不过是一种单纯的机械动作，那就是不管对方是谁，只需要把语言自动充塞到冷笑话这一固定的格式之中就可以了。显然，这样的机械动作就算日复一日地重复，也不可能提升富于幽默感的灵活思维能力，不可能锻炼出能够体察对方性格和喜好的观察能力。

这些方面要注意！不要拘泥于自己的艺术风格

在这里，我们来说明一下谐星的笑话和一般人的笑话这两种截然不同的东西。

谐星总是向世人传播他们具有独特艺术风格的笑话。因为能够把喜欢此类笑话的人收入粉丝阵营，所以他们就有必要经常向这些受众提供具有独特艺术风格的笑话。也正因如此，那些依靠毒舌笑话而人气飙升的人，一旦突然在特定的 TPO[①]之下失去了毒舌风格，则难免就会丧失他们的人气。

---

① TPO，即时间（TIME）、地点（PLACE）、场合（OCCASION）三大要素。

不过，对于普通人来说，所需要的笑话就完全不同了。**一般人，只是为了让当下自己眼前的人露出笑容才需要使用笑话。**

因此，比起自己的艺术风格来，应该把自己眼前的人的性格和喜好放在更加优先的位置，这点非常重要。当然了，有时候在我们身边结伴同行的可能是与自己笑点相近的朋友，即便如此，如果你是个只对自己的笑话充满自负的人，估计结果也会讨人嫌吧。

所以，既然咱们也不是什么专业的谐星，那就不要太过拘泥于自己所谓的艺术风格了，更要避免讲一些自嗨式的冷笑话还自我感觉良好。

对方不知不觉就被你牵着走了

22 边读取对方内心的想法边谈话

通过给出选项和推荐提议，探究出对方的本心

对于男性而言，经常都觉得女人心海底针，实在太难懂。举个例子，假设有一对男女打算去吃意大利面。在选择去哪家店的时候，如果女生说“我没什么要求，所以都行啊”，结果会如何呢？如果男生听女方这么一说，就认为“这是一位不挑店的女生”，那可不是什么明智的想法。如果男生会错了意，莽撞地说“那我们就去日本最有名的意大利餐厅吧！你看，不是有一家叫萨莉亚的连锁店嘛”，那就完了。女生很有可能会瞪着男生，气呼呼地说：“我说都行，但也不是说萨莉亚这样的店。”对于男生而言，可能很想回问一句：“那，刚才说哪里都行是骗人的吗？”

为什么女生嘴里的“哪里都行”，并不是哪里都行的意思呢？那是因为，**女性眼里一般都只看得见自己中意的一亩三分地，她**

们根本不会注意到除此之外还会有其他选项出现。那位女性一直到同伴给出了萨莉亚这个完全出乎自己意料的选项之后，才猛然发现原来自己心里是有一个最理想范围的。上面提到的这些有趣而奇怪的现象，当然不是女性身上独有的现象。人就是这样，谁都是嘴上说着“都可以，都可以”，但是一遇到自己设想以外的选择项，就本能地产生排斥反应。举个例子，有一天年长的男性上司对你说“那件事情完了后跟我说一声，什么方式都行”。如果你用电话语音留言、电子邮件或者在他桌上留一张字条可能都还好，但是如果你胆敢通过即时通讯软件使用一个“搞定”的花哨表情来回复，对方极有可能会火冒三丈。

要应对这类明明嘴上说“都可以”，在得到出乎意料的答案后却又发火的人，有四种方法可以选择。

举个例子，拿我们最初提到的准备去吃意大利餐的那对男女来说，如果男方能从以下四种截然不同的答案中选择一项，供女方参考那就好了。

①“前面就有一家叫萨莉亚的意大利餐厅，马上就能用餐”。

②“有一家我去过的店，虽然要多走几步，却是一家装修很好的意式餐厅”。

③“我们上网看一下有什么好吃的店”。

④“不如我们一边逛，一边看看有什么好的店”。

如果能这样呈上一些可选项，那么女方肯定也会通过表情或者语言，给出她的反应。男方再据此更为精准地推测出对方的中意范围就可以了。

这些方面要注意！ 不但要给出选项，还要提出推荐意见

话说，比起欧美人来，很多日本人都不善于像这样给出对方选项。为什么会这样？因为，在日本文化中，日本人更习惯把自己认为最好的选择直接给对方。举个例子，我们去日本的居酒屋或者和食店，服务生经常都是完全不问客人的任何喜好，就会先直接端上餐前的小菜。而且很多店里都是在最初上菜的时候，就把店里配的沙拉酱也直接端了上来。而在欧美国家，基本上不会提供这种完全不问客人喜好就擅自上菜的服务。他们更习惯问顾客“沙拉酱？法式酱？意式酱？还是蓝起司？”，而且餐厅越高档，选项越多，问得越详细。

这种区别的根源就在于，日本人不擅长做判断。所以，我才强调对日本人不能像对待欧美人那样，只把选项抛给对方就完事了。**我们要为对方提出选项，还要推测对方的中意范围在哪里。在此基础上，确定出自己认为的最佳选择，并把结果告诉对方，这才是我们推荐给大家的最好方法。**

最后，我们再来聊一聊这个世界上最喜欢说“都可以”的人。他们就是“顾客”。想必你也有这样的经历，那就是听到别人询问自己换手机的计划时，我们回答“都可以”。而作为顾客最让人头疼的就是，他们总是持有“还是不买了”的预设选项，并更容易做出相应的选择。面对这种情况，我们推荐一种方法，那就是大家在回答的时候，只以购买为前提做出自己的选择。

举个例子，如果在手机换购营销对话中，你的心里意向是“今

天不想买”，那么不要直接选择“不买”这个选项，而是转为选择“等下次活动再换吧”，会更好。虽然结果都是这次不买，但是却留有余地，对方可能在下次活动的时候再来向你确认。

23 显著提升求人的成功率

把求人转化成对方求己，不知不觉间扭转乾坤

人活一世，难免被人所求。总有人拜托你帮忙做些什么事情，比如像“笔借我一下”这样生活中鸡毛蒜皮的小事。

然而遗憾的是，不同的人求别人做事的成功率却是大不相同的。**很擅长求人做事的人，从小时候开始就能求着大人给买各种各样的零食，人生无处不得手。与之相反，不擅长这一茬的人则从小就“境遇悲惨”。这后一种人即便和别人一样地求人办事，直接被无视忽略还算好的，有时候甚至还会被对方怒斥“厚颜无耻”。**

是什么因素在改变“求人成功率”呢？基本上还是因为“求人方法不同”造成的。实际上，要想提高求人的成功率，就应该把“求人变为对方求己”，这一点非常重要。

举个例子，假设和家长一起在公园玩的孩子突然想喝饮料了。A君只想着表达自己的愿望，直截了当地对家长说“我想喝饮料嘛”。与之相对，B君则一边喊着“太热了，受不了了。好累”，一边在公园的长椅上一屁股坐了下来。然后，这才用手指着公园

里的自助售卖机说“我想喝饮料”。

B 君的求法是正确的。假设说完之后，坐在长椅上的 B 君一边喊着“我还是不喝饮料了！我还要玩”，然后一边作势又要冲出去玩，结果会怎么样呢？**说不定，家长反而会因为担心他中暑，而劝道“今天太热了，先喝点饮料再玩吧”，这种情况甚至就演变成家长来求孩子喝饮料了吧。**

这个方法在商务场合也经常被使用。我们举电视销售节目为例来看吧。

假设，推销的人是销售谈判领域神一般存在的“日本网络高田”的前社长高田明。像高田先生这种销售谈判高手，一定也是能够扭转求人乾坤的谈判高手。**他们这类人，是绝对不会低声下气地求人“请您买我的产品”的。更多情况下，他们只是向人们传达一种“限定 100 件，只有现在才能买”的紧张感，从而向顾客强烈地灌输一件事，那就是“现在不买，吃亏的是自己”。结果，最后画风就变成观众们低头向商家请求“请把这件产品卖给我吧”，这样一来东西自然大卖。**

这种把“求人变为别人求己”的方法，是一种全世界都在普遍使用的手段。大约 30 年前，著名电影导演詹姆斯・卡梅隆先生就是使用这种方法横空出世的。当时，有电影公司打电话来，想要向卡梅隆导演详细了解关于《终结者》电影的构想。于是，卡梅隆导演带上穿着终结者服装和带有特殊化妆的演员，杀向那家电影公司。然后，演员就那样一脚踹开电影公司的大门闯入办公室，一言不发地盯着他们的员工，吓得他们瑟瑟发抖。

结果，电影公司的负责人立马就充分明白了终结者电影的有趣之处。于是，最后两者之间的关系就变成了电影公司方请求卡梅隆“想要参与电影制作”了。

就像这样，当你想要实现某个目标时，不管采用什么手段，非常重要的一点是你要让对方的内心升温到和你同一高度。当然了，**开动脑筋思量嘴上应当说什么自然是非常关键的，但是像卡梅隆导演一样，创造一种对方不得不反过来求自己的对话氛围，则更是能够取得事半功倍的效果。**

要想明白这种手法的效果究竟有多强，金融诈骗就是一个极好的例子。诈骗“大师”们专门瞄准那些离开孩子独自生活的老年人，冒充成他们的亲生儿子或者孙子，故意说一些让他们担惊

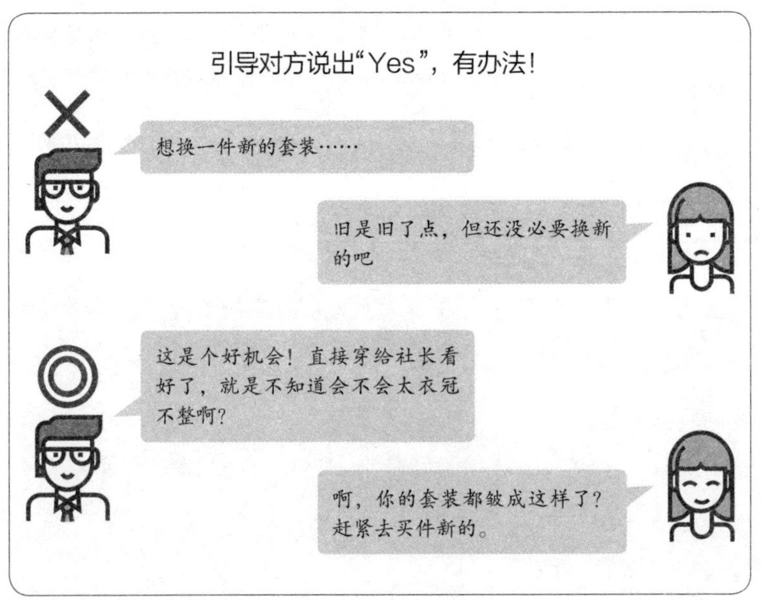

受怕的事情，比如“现在需要交通事故的私了赔偿金”之类的。然后，再想办法将事情变成老年人反过来拜托骗子“拿上这些钱好歹把事情给了了”，最后把巨额钱财骗到手。

所以接下来，我们就为大家介绍一款“玩金融诈骗”的游戏。游戏的方法就是，选定一名接电话的受害者和一名诈骗者，两人只要进行一次虚构的诈骗通话就可以了。扮演诈骗者的人最后要试着说服接电话的人反过来求自己“拿上这些钱好歹把事情给了了”。只要多试几次，就能找到扭转乾坤的说话诀窍，以后即便在即兴场合也能将自己求人的事情，变成按“对方反过来求自己”的方式推进。

另外，通过玩这个游戏，可以让人了解到诈骗者的辞令手段，提高对不靠谱忽悠的分辨能力，所以也很适合邀请年长的父母或者祖父母一起参与。

24 善于发现共同的“敌人”

找准槽点再进行吐槽，才能引起听众的共鸣

人是一种关系型动物。如果能有一些关系好的同伴，人生应该会变得更敞亮，更欢乐。

建立这种关系最简单的方法就是“拥有共同的敌人”。实际上，就像那句“敌人的敌人就是朋友”所说的那样，这种效果是非常显著的。通过树立外敌来凝聚国内的力量，是为政者

惯用的手段，古往今来东西各国概莫能外。在我们身边也不乏这种例子，比如公司里的女性职员之间面对讨厌的上司而结成的强劲连带感。

但是，**这种通过将“某人树立为共同敌人”来深化同伴关系的做法非常危险，因此我们并不推荐**。为什么这么说？因为不同的人有不同的立场，对一个人的评价往往大相径庭。举个例子，假设你有一个非常讨厌、把他当成“员工们自己共同敌人”的上司。但是同样的，在这位上司的拥趸者眼中，你也很可能是一个“说前辈坏话的共同敌人”。如此一来，你就很可能被卷进一些比较大的麻烦之中。

有一种即兴谈话技巧，既可以帮助你避免发生此类悲剧，又可以通过树立共同敌人来提高团队的团结力，那就是“有效使用对社会的吐槽”的方法。

我曾经在 NHK（日本放送协会）负责制作一档面向海外观众的英语新闻节目。当时在部门会议上有主持人提议，制作一档关于“花粉症人数在逐年递增，然而由于植树造林的原因，日本国内的杉树林却反而在不断增多”的特别节目。对此，一位曾在海外电视局辗转任职的 60 年代的外国职员满脸严肃，一边吸着鼻子一边说道：“Oh，我的天哪！如果有人还在种植杉树，那我们必须施以颜色，放火把杉树林烧了！”

有人起了个头，后面就连平时在会上惜语如金的人，也一边笑一边怒骂道：“对，就该这么干！”就这样，我们顺着“增多的杉树林”这一共同敌人的话题聊了起来，一时之间气氛热烈，同事之间也产生了强烈的纽带关系。**这种关系非常强劲，靠那种“最近，花粉满天飞，真是太讨厌了”之类温吞的社交辞令式的谈话是绝对产生不了的。**

实际上，这种技巧在电视的消息类节目以及一些综合类电视节目中经常会被使用。

举个例子，御法川法男在电视节目中针对年金问题等各类社会问题，真枪实弹地怒目而斥。这样一来，对自己的年金感到不安的观众，就和御法川先生树立起了“年金问题”这个共同的“敌人”。通过这种方式，御法川先生和观众之间产生了牢固的纽带关系。

在这种情况下，即使御法川先生实际上有的是钱，他一辈子也不需要去考虑什么年金问题，也不妨碍这种关系的建立。因为关系一旦生成，就没那么容易崩溃。

不过需要引起注意的是，就算要参照御法川先生的做法，也一定要避免将特定的名人、体育团体、政党或者宗教等列为敌人。因为你自己认为的敌人，一定也会拥有他们自己的支持者。

这样掌握技巧！试着配合吐槽出对电视新闻的愤怒

接下来向大家介绍一款训练如何吐槽社会的“新闻吐槽猛力斩”游戏。游戏的时候一边看电视新闻节目，一边试着针对社会时事吐槽，以引起他人的共鸣。如果遇到色狼的话题，则可以从简单的一句“色狼真是太恶心了”开始，到后面还可以进而吐槽“有一次我自己也差点被当成色狼，这种不分青红皂白冤枉人的社会风气也真的很让人生气”等，只要认真想，总有很多地方是可以吐槽的。如果能按照这样的办法，事先多训练自己在一秒内脱口吐槽社会话题，那么以后一旦在需要的情况下，你就可以非常及时地说出能够“树立共同敌人”的吐槽，进而和周围的人迅速建立深厚的纽带关系。

25 避免咄咄逼人地说服他人

强行说服他人可能会留下“后遗症”，交流一定要对等

说起“伶牙俐齿的人”，就让人想起那种不管什么事，都仅凭一张利嘴就能根据自己的意愿操控他人的人。实际上，伶牙俐齿和会说话完全是两码事。为什么这么说呢？因为如果在谈话中只考虑自己的要求，就有可能演变为“祸从口出”。特别是商务人士大多只关注如何卖出自己的商品，所以更需要注意。

举个例子，面对那些对购买商品还不够认可的顾客，有的销售人员往往会利用自己的伶牙俐齿强行说服对方并最终买下商品。如果通过这种销售方式做生意，很可能会引发大量的投诉或者反悔，给公司带来负面的评价。

请大家千万牢记，对于对方并未真心接纳的事情，如果仅凭自己的口舌之功表面上强行说服对方，将会带来非常危险的副作用。

之所以会这样，是因为在即兴谈话的场合，很多人都容易出于现场的氛围节奏或者讲话者的压力，而忘记自己的初心本意。你也一定有过不止一次类似的经历吧：在别人伶牙俐齿的攻势下说了“Yes”，过后却又后悔。反之，有时候我们自己在谈话中也非常强势，逼得别人不得不说“Yes”，对吧？

所以，**我们越是在即兴谈话的时候，越是不能被现场的氛围牵着鼻子走。特别有什么事情拜托对方的时候，我们建议最好避免使用说服的方式。要经常在脑海里树立一根“即便从第三方的立场来看也是平等对话”的弦，在谈话中不是企图去说服对方，而是让对方理解接纳。**

这样掌握技巧！ 想一想“这场谈话在电视剧中会怎样进行”

话虽如此，然而在谈话现场，节奏这种“毒品”的带动作用是非常强烈的。所以，我们很难自觉做到让自己的谈话即便从第三方的立场来看也显得公平对等。这种时候有一种有效的方法，那就是想一想“如果按照电视剧的要求来控制自己的言行会有什么结果”。

举个例子，在自己的配偶面前，你肯定会用一贯的语气说服对方在很多事情上“你给我这么做”。下次再遇到这种情况，你可以试着想一想，自己这样的丈夫（妻子）如果出现在电视剧中，在观众眼中会是什么形象？

当然，有时候看起来也就是一对夫妇之间平淡无奇的谈话场景罢了。不过，**只要一被代入电视剧场景，或许你就会突然发现自己扮演的这个角色是多么令人讨厌。一旦看起来果真如此，那就要引起注意了**。即便你只不过是在说服自己的伴侣以便避开麻烦的陷阱，但有时候，对方或许已经陷入了某种心理状态，此时对方就算突然提出离婚也不是不可能的。

就像这样，能让我们常怀第三者的视角，认清对方到底是在真心接纳的基础上说了“Yes”，还是迫于形势被说服了而已。

26 把谈话带进双方都愉悦的领域

用肯定的态度接受对方的想法，与对方良性互动

就算是再细碎的日常琐事，人们都很讨厌别人否定自己的想法。

在这里，我们也可以把自己的想法，换成另一种说法，即“自己的判断”。

举个例子，假设有一位妻子把阳台上晒干的衣物收进来，放在榻榻米上准备叠好。这时，一次衣服都没有洗过的丈夫看到了，就开始抱怨说：“洗好的衣服怎么能放在榻榻米上，很脏啊！好歹你也要到沙发上去叠啊！”作为妻子一方，听了这些话不怒才怪呢。最终，妻子会反击道：“不然你自己来。比起那套被你醉醺醺回到家，衣服也不换就滴着哈喇子蹭上去的沙发来说，我觉得还是我天天用扫地机器人打扫的榻榻米更干净得多。”这样的对话，难免将家庭内的气氛推入一种最紧张的状态之中。

如果大家都像这样，在对话中从头就否定对方的想法或行动的话，那将招致一场灾难。因此，**无论何时，我们在对话的时候，都要意识到“一定要用肯定的态度接受对方的想法”，这点非常重要**。我们重新分解一下例子中那对夫妻的对话就会发现，丈夫对妻子“在榻榻米上叠洗好的衣服”这个想法是全盘否定的。在此基础上，丈夫认为自己提出的“应该在沙发上叠洗好的衣服”这个主意来得更高明。

不过，如果丈夫能够先肯定妻子的想法，然后再说出自己的主意，那么结局一定会完全不同吧。比如，丈夫如果这样说：“之前，我在电视上听说‘榻榻米上也有螨虫，建议换个地方叠衣服’，嗯，这样说来在哪里叠比较好呢？沙发上怎么样？”结局会如何？这样一来，虽然妻子还是有可能怼一句“我忙死了，少添乱”，但是至少不会发展到一发不可收拾的地步。**像这样“预防纠纷”也是一件很重要的事**。

而且，如果能像这样肯定对方的意见，就能够将双方的谈话不断朝着相互之间探求更好想法的建设性方向拓展。让我们来想一想例子中那对夫妇谈话的后续内容，妻子必须说出除了榻榻米、沙发之外更适合叠衣服的地方。丈夫也是一样，既然说出了沙发这个自己的意向选项，在二人的谈话没有得出结论前，就有必要强调自己的想法。只要如此你来我往继续争论下去，两人就一定会得出一个结论，究竟在哪里叠衣服才好。

心理学研究已经表明，当人们提出自己的想法时，如果能够被需要、被肯定，那么他就会变得非常开心愉快。因此，想要带热即兴谈话的最大要点就是，**制造一种谈话参与者中的任何人都能够毫无顾忌地说出自己想法的氛围**。为了创造出这种氛围，也是不能否定对方想法的，而必须要肯定它。

在演艺界，大家都一致公认，塔摩利先生是最好讲话的人。作为其中的理由之一，那就是塔摩利先生基本上不会否定对方的想法。实际上，发生在关根勤身上的事就很能说明这一点。每当关根先生因为通过疯狂的想法来逗哏时，小堺一机以及明石家明石家秋刀鱼等艺人都会出来阻止他说“不是这样的”。然而，只有塔摩利先生不但不会否定关根先生的想法，反而还会不断烘托他的想法，让他心里舒坦，嘴上越说越多。越是说话技术一流的艺人，越是会与众不同地肯定他人的想法。

这样掌握技巧！▶试试在脑袋里立一根弦，绝不否定对方的想法

接下来，为大家介绍“深入挖掘的游戏”。有一次，塔摩利先生和关根先生就“偶像的低龄化”问题进行了讨论。过去说起偶像一般都是 18 岁左右，最近却出现了从小学时期就开始出道的偶像。然后，两人开始深入挖掘这个话题，后来甚至说到照这样发展下去，可能会出现显微镜才能看得清楚的精子偶像和卵子偶像的极端情况。

按照上面这个话题的思路，比如先随便决定一个类似“偶像低龄化”这样的命题，然后开动脑筋进行深入的挖掘。也可以一边喝酒一边和几个朋友一起，试着深入挖掘各种各样的话题。游

戏的关键点在于，对别人提出来的想法绝对不要说“真无聊”“没有现实性”这样的话，不要否定对方，不要看不起对方，而是要在对方想法的基础上提出自己的观点，进行一场热烈的谈话。如果能做到这一点，那么在即兴谈话的时候，就能和对方构建起建设性的互动关系，自然能够时常保持热烈的谈话。

27 激发对方的斗志，并引领对方的行为

把自己想做的事情精准融入到对方想做的事情当中

作为商务人士，最难的工作之一就是，激发部下对工作的热情。举个例子，公司立下了军令状，要努力提前完成今年的销售目标。如果这只是脱离实际情况的单方面上级指示的话，那么很多员工都会觉得兴趣缺乏。此时，如果你是管理人员，该怎么做呢？

常见的做法是，自己首先身先士卒地奋力工作，以期做好表率带动整个部门。当然了，这样一来也会激发出部分员工的斗志，让他们觉得“自己的上司都这么拼了，自己不拼也不行啊”。但是另一**方面，肯定也有员工觉得“这目标根本没有实现性”“真是装模作样的上司”，他们会变得更加懒散，进一步丧失热情与斗志**。

应对这种情况的一个有效方法，就是“把自己想做的事情精准融入到对方想做的事情之中”。

人比我们想象中的更加势利。基本上，对于那些与自己利益

无关的他人的目标或者梦想，我们都是难以同心协力的。反过来说，如果能够将别人和自己的利益关系挂钩，就一定可以激发出对方的斗志。就拿刚才的例子来说，**如果管理员能够把握部下个人的利害关系，通过精准指导的方式这样说服他们："从现在开始，卖力地工作将变现成你的收入"，无疑就可以激发出部下的斗志。虽然这是一项非常麻烦的工作，但是如果能够熟练掌握，则必将收获绝佳的效果。**

那么，这里就给大家概要介绍一下具体的必要操作流程。

我们还是举前面公司的例子。

首先，上司必须仔细倾听，了解掌握部下都有哪些个人的利害要求。举个例子，假设上司经过了解，知道部下"希望将来能够到海外工作"。那么，我们就要思考这个月努力达成经营业绩，对有朝一日实现海外工作的梦想究竟会有什么促进作用。比如，上司可以根据以下思路对员工进行动员："这个月，其他营销人员都没什么干劲。如果这时候能够努力奋勇争先，那么你的经营业绩就极有可能力争上游。有如此醒目的业绩做后盾，我就可以向董事们推荐你为海外岗位的适当人选。因此，对你而言这个月可是个机会哦。"当然了，这种动员可不是光耍耍嘴皮子就可以的，一定要说一些真的具有现实可能性的事情，否则也毫无意义。

话说，最擅长利用这种方法捕捉并调动他人动机的人，就是苹果公司的创立者、伟大的管理者——史蒂夫·乔布斯。当苹果公司还是一家初创的新兴科技企业之时，乔布斯就考虑为苹果公司聘请一位擅长市场营销的首席执行官。然后，乔布斯注意到创造了百事可乐爆发式销售增长奇迹的百事知名首席执行官约翰·斯卡利。然而，不用想也知道，作为百事公司这种国际巨头的首席执行官，斯卡利早已名利双收，是不可能那么简简单单就答应出任一家名不见经传的新兴企业首席执行官的。然后，经过长达 18 个月的游说交涉，最后乔布斯对斯卡利说了一句话："你准备就这样一辈子卖可乐卖到死吗？你就不想和我一起改变这个世界吗？"

据说，斯卡利就是被这句话说动了，所以才最终决定出任苹果公司首席执行官的。竟然能够精准地抓住连斯卡利本人都没有察觉到的内心深处的愿望，乔布斯果然了得。**如上所述，这项技巧中最重要的一点就是，大胆猜测并最终问出"对方为了什么才会心动行动"**。

这样掌握技巧！试试重新激发出已经失去动力的考生的斗志

这里我们为大家介绍一款"激发斗志的游戏"。其中一个人扮演失去斗志的人，另一个人则扮演激励者。

举个例子，其中一个人可以扮演失去学习兴趣的学生，另一个人则扮演想要劝他考入名校的老师，他要使用"把自己想做的事情精准融入到对方想做的事情之中"这一方法来激励学生。首先，要倾听学生的想法，了解究竟什么事情才可以让他行动起来。假设，学生说"父母亲总是唠唠叨叨的，每天都压抑死了"。那么，老师就可以这样说："既然这样，难道你不想考个东京的大学，摆脱家庭的束缚吗？以你现在的成绩，只要再加把劲就能考上XX大学了。"经过这样的训练，我们就能不断提高说服能力，以实现对方梦想的方式说出自己想要对方做的事情。

那些一流的商务人士以及充满魅力的领袖人物，无一例外地都掌握了这种调动他人动机的谈话技巧。

只要能够勾起对方"想做的事"，就能打动他的心

第3章

各界名流都在用

能让所有场合都氛围良好的出色谈话技巧

效果

就算是即兴谈话，也能说出难言之语！

28 掌握恰到好处的道歉能力

道歉太多会过犹不及，尽量不要超过 2 次

一遇到什么事情，日本人总是习惯先谢罪，来一句“对不起”。不过，就算这种俗不可耐的“对不起”，也有我们必须掌握的一套使用规则。

我自己就曾经在某位资深艺人的结婚现场，仅仅因为和隔壁的人碰到了肩膀，两人互说“对不起，对不起”，加起来只怕不下 20 次。虽然只是非常微不足道的轻微触碰，但不管我自己还是对方，都觉得那是一个很正式的场合，相互之间都认为“对方应该是有身份的人物”，结果大家都失去了基本的淡定。

像面对这种事发突然，而且又实在是芝麻绿豆的小事，到底应该道歉几次才合适？这真的很难判断。面对这种情况，我们推荐给大家一种“道歉不超过 2 次”的控制技巧。

简言之，就是自己给自己订立一条关于道歉次数的规矩。许多案例表明，过多的道歉会使谈话双方显得顾忌重重，最终陷入使人心情不畅的氛围之中。

尽管如此，**很多人遇到情况还是会反复多次道歉。之所以会这样，从心理学上来分析，并不是为了向对方道歉而道歉，而是带有“啊！搞砸了”这种自我反省的味道在里面**。这种对自我的反省一旦和对方发生了往来关系，则对方也必须打起十二分的精神来应对，想在这种情况下建立融洽的双方关系就变得很困难了。

因此，**让我们在自己的内心画一条红线，道歉不要超过 2 次，一旦次数达到上限，首先来个自我反省**。除非周围的人都已经认定你这个人就是位谦谦君子，否则作为一个普通人并不是道歉次数越多越好。

接下来，我们思考一下自己确实有错，甚至道歉 2 次也不足以表达歉意的情况。基本上，即便遇到这种情况，纯粹的道歉话也只要控制在自己设定的 2 次也就足够了。取而代之的是，我们要充分认识到，道歉就代表着承认自己的错误，就要落实到具体的行动中去。也就是说，我们要拿出具体的方案，看看到底通过什么方式，才能够肩负起对道歉事项所应当承担的责任。**大抵而言，如果在道歉之前能够先端正自己的心态，以“商谈”这种平等的方式和对方进行交流，则对方也就很难再拉下脸来过分地假装受害者了。否则，你越道歉反而越有可能挑起对方的怒气，觉得你“光会口头道歉，却什么也解决不了”**。

这些方面要注意！ 道歉不超过 2 次也是一种有效的投诉应对方法

人们经常说，比起日本人来欧美人不怎么道歉。原因就在于，对于欧美人而言，语言上的道歉就意味着，后续必须跟进具体的行动来为自己的言论负责。因此，除非是需要做出金钱保证的事项，否则他们都趋向于不道歉。如今，日本的各种投诉与日俱增。因此，或许日本人也是时候与时俱进，学习学习欧美人的这种道歉方式了吧。不过，因为是习惯一路道歉下来的日本人，所以口头上做的这 1 到 2 次的道歉也只是一种礼节性的动作，肯定不会让对方误以为你准备拿钱出来解决问题的。但是，如果 10 次、20 次地不停道歉，反而可能给投诉的人造成一种误解，觉得“既然你都已经道歉成这样了，是不是会给我一些实际的补偿呢”。所以，道歉 2 次就足够了。

29 彻底摆脱不懂拒绝的自己

半开玩笑式的吐槽，让拒绝更加婉转自然

对很多人而言，“拒绝”这件事情需要莫大的勇气，大家都是能避免就尽量避免。以前我也是个完全不懂怎么拒绝别人的人。那时候的我总认为，既然对方都开口了还拒绝别人“会让人觉得自己没礼貌”，而且我还认为“拒绝 = 对对方不好”。

实际上，不会拒绝的人，对“拒绝”这件事情抱有一种负罪感。

因此，只要连他本人都没有意识到的这种罪恶感一天不消除，他就绝对无法提高自己拒绝别人的能力。

这种情况下能派上用场的，那就是避免明确地说“NO”，而是“半带吐槽地拒绝”这种技巧了。为什么这么说呢？因为即使对那种认为在别人提的要求面前说NO是一种罪过的人来说，也比较不会因为在对方的话题中加入一点吐槽的元素，而产生负罪感。

也就是说，**这里运用到了一项脑科学知识，虽然实际上是在拒绝，但如果你能让自己在脑袋里误认为“我只是加点吐槽进去”，那么就能流畅自然地拒绝对方了**。

举个例子，假设这回要拒绝的是一份来自上头大人物的突然邀请，请笑容满面地加上这样一句吐槽：“有幸被您邀请，我感动得都要哭了。不过，是不是就是今天呀？太意外了。”这样一说，

好莱坞式华丽的即兴拒绝

比起直接拒绝说“今天不行”来，一则不容易冷场，二则也绝对能更加愉快地拒绝对方。

这种方法，好莱坞的那些大咖们也常常使用。举个例子，因电影《第六感》而声名大噪的M·奈特·沙马兰导演，在日本举办的某场活动中谈到演技时曾说：“向他人展示自己真实的感情，这一点非常重要。”当时，听了这番话热血沸腾的女演员丰田艾莉，直接向沙马兰导演提出想参演他导演的下一部作品。没想到，导演结合自己刚才发表的演技理论，对丰田女士说道：“你脸上的笑容是真心的吗？做作的笑脸一点都不真实，还是收起来吧。”就这样直接旗帜鲜明地拒绝了她。

“你脸上的笑容是真心的吗？”这种半开玩笑式的吐槽部分说得非常巧妙。有没有这部分内容，对被拒绝者的伤害程度以及给周围听众带去的印象都是截然不同的。

如果换成日本的大导演，或许就会改成类似“啊，我会考虑的”这种圆滑的拒绝方式了。

这样掌握技巧！与其装傻，还不如尝试一下做个吐槽者

为了帮助大家切身体会“半带吐槽地拒绝别人”这件事情，接下来，介绍一款“彻底成为吐槽艺人的游戏”。平时如果被人问到需要回答“Yes”或者“No”的问题时，我们都会用“Yes”或者“No”来回答，这是人性使然。但是在这款游戏中，我们要管住自己别这么做，不管面对任何邀请都必须用“吐槽”的方式

来回答。游戏方法很简单，只要确定一个扮演吐槽者的人和一个发出邀请的人，两人组合对话就可以了。

举个例子，发出邀请的人说“今天不一起去喝一杯吗”，吐槽者则立刻不失时机地吐槽“不会又跑去喝吧”，或者说，“你不是说今天吧”，等等。让我们通过重复这项训练，找到自己在拒绝别人的时候能够用得得心应手的经典短语吧。**让我们彻底牢记这些短语，以备在遇到需要拒绝的情况时，能够瞬间脱口而出。**

30 在谈话中快速问出对方的信息

无伤大雅的玩笑式猜问，会让谈话快速升温

在这世界上，总有一部分沉默寡言的人。我们在和他们说话的时候，为了避免陷入无边的沉默之中，都趋向于选择问一些类似“你有什么兴趣爱好”之类固定模式的问题。

但是，如果遇到的是一位相当沉默的人，在小声地嘀咕一句“兴趣？我一般都做些什么呢”之后，他就开始默默地陷入思考之中了。正当你面对这种反应无言以对的时候，时间也在一分一秒地流逝，有时候甚至在完全还没有起到沟通交流作用之前，谈话就已经结束了。

这种情况下，谈话之所以谈不起来，原因就在于对方完全没有反馈谈话所需要的任何信息。这时候，如果你能够大胆地断定对方的情况然后提出问题，事情就会完全不一样。举个例子，曾

经有个专门询问艺人收入的电视节目专栏。如果很直接地问艺人“你每个月收入多少”，人们基本上都不会说实话。**但是，如果单方面设定一个收入下限值，问“100 万日元的月收入水平，你超过多少”，则对方在毫无准备的情况下就很容易透露个人信息，比如回答“没那么多啦”**。

实际上，销售人员经常使用这项技巧。举个例子，当被那些报纸征订员胡猜乱问道“你现在是看朝日新闻吗”，很多人都会下意识地回答“不，我看的是读卖新闻”，从而透露出自己的个人信息。这样一来，你就上了想要了解你究竟在购买阅读何种报纸的营销人员的当了。

在电视上有“关西女帝”之称的上沼惠美子女士，也经常使用这项技巧。举个例子，上沼女士对一位比较沉默寡言的男性独身演

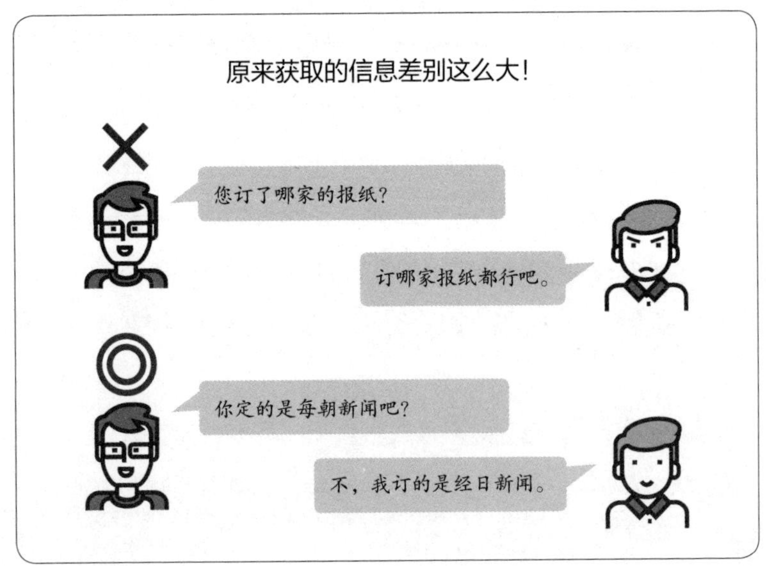

员进行访谈时，就会不断抛出一句句类似“这是个家务事一人全包的完美男人！所以说，结婚嘛”的玩笑话，强势断定对方的一些个人信息。被人一逗，那位男演员就会辩解说“没有啊，最近我都外食的”，从而透露出自己的个人信息。这样一来，主持人接着就可以问“外卖一般都点什么菜呢”，谈话也就热烈起来了。

如果上沼女士上来就一板一眼地问：“你至今单身的理由是？”那么男演员也很有可能简单地回答一句：“是啊，到底是为什么呢？”**就像这样，在和那种感觉不会主动透露任何信息的沉默人士讲话时，如果能够半开玩笑地断定一些无伤大雅的事情，那么就有望与之展开一场良好的对话。**

这样掌握技巧！磨炼提取情报的“断定系提问能力”

为了磨炼大家从沉默寡言的谈话对象那里提取情报的能力，接下来为大家介绍这款“这个人是谁的游戏”。

这个游戏需要 2 人以上完成。首先其中一人（A 先生）在心中决定自己要扮演的那个人物。举个例子，假设 A 先生决定扮演织田信长，接下来周围的人开始随心所欲地断定他的个人信息，比如可以问他“你是不是很穷啊”之类的。对此，A 先生只需要回答“是的”或者“不对”。就这样经过反复不断的提问，最终当周围的人猜中 A 是谁时，游戏结束。经过这样的训练，我们可以掌握下意识地提取自己想要的信息的即兴应变能力。游戏的一开始，可以先试着把扮演的人物限定在战国武将，或者运动选手的范围之内。

效果

避免“紧张的空气”，所有场景都能应对

31 即使面对难缠的人也一点都不怵

难缠的人更要用心应对，心口如一

有的人喜欢以自我为中心，一厢情愿地认为“自己感兴趣的事情，别人也肯定会感兴趣”。比如，有的人在对方明显已经显得兴致不高的情况下，还是一个劲地给人看自己的宠物照片。基本上，被迫看照片的人都会出于礼节选择一些肯定的语言，比如说“好可爱啊”之类的。但是，对于这样的社交辞令，如果遇到那些宠物爱好者，则会出人意料地跳起来表达不满说“诶？这可是它正在做鬼脸的照片啊”。视不同情况，有的人还会因此心生嫌隙，实在很头疼。

还有其他像关于孩子们的特长、兴趣爱好，以及对方自己感兴趣的某种艺术或者体育类话题等等，虽然我们一点兴趣都没有，但还是时不时会被迫听对方说个不停。

和这些难缠的人打交道的一个有效方法就是，“不是口头上而是打心眼里转变为肯定的态度”。虽然具体情况因人而异，但是人生来就有看透对方是否心口不一的能力。因此，一般我们在遇到对方心口不一的时候，都会识趣地认识到对方“在说恭维话”，或者“对方应该不怎么感兴趣吧”。然而，我们在开篇中讲到的那种难缠的人，却倾向于认为“心口不一的人，都是些撒谎的坏人”。因此，他们才会心怀芥蒂。所以，**在和难缠的对象谈话时，必须要做到心口如一**。

那么，下面让我们思考一下，当对动物完全不感兴趣的人被迫看宠物照片的时候，到底该怎么办？那就是，要用心去看宠物照片。只要用心去看，“它叫什么名字啊”“你从什么时候开始养的”等一系列话题自然就会从你的心里涌现出来，而且肯定还能问出一些不会被误认为言不由衷的问题。与此同时，再尽可能提升一下自己的情绪就可以了。当然了，我们肯定无法做到和动物爱好者一样强烈的反应。然而，**只要我们没有言不由衷，即便遇到再难缠的对象，想必也能够避免发生什么“恶性事件”**。

在电影《X 战警》中饰演“金刚狼”的世界知名演员休·杰克曼来日本的时候，就经常使用这种方法。举个例子，杰克曼在上日本电视台的一档《清爽（SUKKIRI）》节目时，遇到一位年轻的日本谐星讲段子。当时杰克曼非常配合，还热情洋溢地说了自己的感想，甚至自己也模仿讲起了段子。这就不是公事公办的社交辞令了，而是发自内心的不掺杂虚假成分的积极回应。杰克曼的这种姿态收割了大量观众的好感，在 SNS 上也得到了好评。

反观日本的演员为了节目宣传而上综合电视节目时，只要脸上挂着亲切的笑容，不失时机地说一声“真有意思啊”，场面上也还能撑得过去。但是看到这一幕，观众恐怕也不会有什么感动，更不可能被演员圈粉吧。

这样掌握技巧！磨炼提取情报的“肯定式提问”能力

接下来为大家介绍这款“喂，你听！游戏”。实际上，有时候我们会下意识地做出肯定的心理反应。举个例子，如果一个年幼的小朋友把好不容易画好的画举到你的面前说“你看”你会有什么反应呢？一般大人们都会做出肯定的反应，饶有兴味地参与互动。“我虽然喜欢绘画，但是小孩子那种水平的东西我可没兴趣”，估计几乎没有哪个大人会这么回答吧。

这款游戏的道理也是一样的。首先分别定一个人扮演小孩和大人，其中小孩对大人说：“嘿，告诉你哦！我会做 × × 啦。”然后，大人拿出肯定的心理姿态，说出自己内心真实涌现的想法。

当然，游戏中禁止出现模板词句或者社交辞令。请务必说出像“你一定做了很多练习吧”这类，当下心里浮现出来的想法。经过这样的训练积累，今后不管遇到怎样的对象，也不论讨论什么样的话题，只要即兴加入就能够推动一场热烈的谈话。

32 打造能自由存取的记忆力

利用影像记忆帮助你脑洞大开，口若悬河

我们假设一个“说话很无聊的人”和一个“说话很有趣的人”一起出门。也就是说，让两人体验完全一样的事情。即便如此，当我们第二天再问两人“昨天都发生了些什么事情”时，反馈回来的答案肯定不一样。

说话很有趣的那个人，应该会说得起承转合、眉飞色舞。而说话很无聊的那个人，则除了满脸蒙圈地说一句“都发生了些什么呢”之外，根本讲不出什么具体的事情来。这里面，其实还包含着说话之前的问题。也就是说，说话有趣的人和说话无聊的人之间的区别，不只是简单的“话语组合方式”的不同。

说话无聊的人即便体验了有趣的事情，他们也不会记得多少，很多问题都是这样引起的。

我们在本书第 11 小节里介绍了一个“通过描述脑海中的画面来提升谈话能力”的方法。在这里，我们要介绍它的前一个步骤，即“在脑海中构筑图像”的方法。

一听到“大脑”这个词，大家或许都会觉得异常复杂，但是我们的方法却非常简单。当我们遇到那些应该记住的事情时，下意识地通过“影像记忆”来牢牢记住。举个例子，假设大家开始讲某个人要离婚的话题。在此之前，请先想一想电脑数据。说话很有趣的人会一边仔细观察声称要离婚者微妙的表情变化和态度，**然后将其作为影像存入脑海**。另一方面，说话很无聊的人则会**像**

文本数据一般，在头脑里留下一条“××先生说他要离婚”的记录。

比起文本文件来，影像具有无以比拟的海量数据，对吧？大脑也一样。即便你想要以文本的方式记住信息，但是却因为数据量太少而无法在大脑中留下印象。如果理解了大脑的这种构造，**那么今后就让我们对眼前发生的事情多加观察，并在大脑中存入大量的影像数据吧**。做到了这一点，在即兴讲话的时候，就能将想要说的事情脱口而出。

能使用记忆术记住圆周率后N位数的人，也在使用这种技巧。

这种记忆技巧的要点在于，脑海中的“影像记忆”技巧。

举个例子，假设我们想记住数字1、2、4，则可以将这些数字分别替换为人、物或者动物的形象。比如，我们可以假设1=桃太郎、2=跳跃、4=肉包等等。接下来我们就可以将这组数字记为：桃太郎蹦蹦跳跳吃着肉包子。

经过这样的处理，只要能想起这个画面，自然就能够记起124这组数字来。正是有了这种方法，使得“影像记忆”能够和大脑特性完美匹配。

这样掌握技巧！ ▸ 试着边看电视边记住里面的表情或者景色

接下来为大家介绍一款能够提高“影像记忆”能力的“电影回放游戏”。

首先看一部电影或者电视剧。当播放到自己最感兴趣的场景时，请尽最大的努力注意并默记下演员的表情、台词以及周围的景色等。过后，试着将这些内容复述给周围的人听，或者自己写下来。在此基础上，请再回看一遍默记的场景并核对你的答案。虽然结果多种多样，有的人比想象中的记得多，有的人记得少，但是无论如何请先对自己的记忆力做到心中有数。

即便是那些觉得自己记忆力差的人，只要多做几次这种记忆训练，在今后遇到有趣的事情或者印象深刻的场景时，自然而然就会形成“影像记忆”，而不是文本记忆。最后，当再次遇到大家热烈讨论有趣的事情时，就能自然地想起这些画面，从而变得更加擅长即兴谈话。

33 切断在即兴谈话中卡壳的因素

从吃喝玩乐、衣食住行开聊，永远聊不完

不知为何，或许很多人都觉得，无论什么事情，“比起被别人决定来，肯定是自由决定更好”。但是，有时候自由也是一件很让人烦恼的事情。举个例子，假设人们突然被告知“什么都可以说，请自由发表意见”。这种情况下究竟会有多少人会自由发言呢？估计很多人都会支支吾吾地来一句“呃……虽说是自由发言，可是……”。

但是，**如果对方已经确定了具体的聊天话题，比如“今天突降暴雨影响很大，大家没事吧”，情况又会怎么样呢？大家肯定多少都能答上几句，比如“被淋成落汤鸡了”“幸好我还没出来”之类的。像这种情况的即兴谈话，就是要避免自由主题的范畴之一。**

话说回来，在我们的谈话场景中，经常会碰到“不得不自由找话题”的情形。工作场合倒一般都是固定话题，但是在一些私下场合与初次见面的人谈话时，特别容易遇到自由发挥的情况。如果遇到和自己中意的异性相会，那这种“自由”将会变成一种沉重的负担吧。

遇到这种情况该怎么办呢？我们只要做一件事，那就是自己随意确定一个话题就可以了。**这时候能够帮上忙的，就是那个叫做“从‘木户に立てかけせし衣食住’中开聊”的著名方法了。**

所谓“木户に立てかけせし衣食住”，是由一些容易热聊的话题的同音字首字母组成的，从左到右依次是：**“木（KI），关于气候（KIKOU）、季节（KISETSU）以及天气（TENKI）的话题”；“户（DO），关于兴趣爱好（DOURAKU）的话题”；“に（NI），关于时事新闻（NIUSU）的话题”；“立（TA），关于旅行（TABI）的话题”；“て（TE），关于电视（TEREBI）节目的话题”；“か（KA），关于家庭（KAZOKU）的话题”；“け（KE），关于健康（KENKOU）的话题”；“せ（SE），关于性（SEI）的话题”；“し（SHI），关于工作（SIGOTO）的话题”；“衣，关于服饰流行的话题”；“食，关于食物的话题”；“住，关于住宅的话题”**。大家可以从中任意选择一个话题和对方搭话，直到找到共同话题为止。像这样，一旦你任意确定了一个话题，对方也就没必要再“自由地找话说”了。因此，无论对方还是自己，立马就可以开始快乐地聊天了。

另外，在这个著名的方法中，我要特别推荐其中的せ（SE），也就是关于性的话题。这个话题范围广阔，从“你喜欢的女演员是谁”“那人真是一枚花样美男啊”这类轻话题，一直到一些荤段子都可以。当然了，这一点必须要根据现场的氛围以及当时的TPO合理地使用。

有人可能会担心，如果和自己中意的异性谈话，不是应该抛开这些一板一眼的话题，而选择那些更有感觉的段子吗？其实，这一点大可不必担心。举个例子，据说彼得武先生在年轻的时候，曾被《佐贺的超级阿嬷》系列的作者岛田洋七先生痛批笨蛋：“向初次见面的女孩子问血型的家伙不行！不会有人爱的！”

因为彼得武性格的关系，所以有一次和一位初次见面的女性说话，洋七就凑在旁边竖起耳朵听彼得武究竟会说些什么。然而，经过一阵短暂沉默的彼得武，终于开口问了一句：“你是什么血型？”洋七当场晕倒。

就连如此受女性欢迎，而且词汇量也非常丰富的彼得武，在经过一番思虑之后，也不免落入问血型的窠臼之中。对普通人而言，在和初次见面的人谈话的选题上，除了花更多功夫外就更是别无它法了。让我们不要拘泥于话题，而是把注意力集中在当下发起的即兴谈话的内容上去。

只要酌情从下面表格中任意选取话题就 OK 了。

木(KI)	关于气候(KIKOU)、季节(KISETSU)以及天气(TENKI)的话题
户(DO)	关于兴趣爱好(DOURA-KU)的话题
に(NI)	关于时事新闻(NIUSU)的话题

立(TA)	关于旅行(TABI)的话题
て(TE)	关于电视(TEREBI)节目的话题
か(KA)	关于家庭(KAZOKU)的话题

け(KE)	关于健康(KENKOU)的话题
せ(SE)	关于性(SEI)的话题
し(SHI)	关于工作(SIGOTO)的话题

衣	关于服饰流行的话题
食	关于食物的话题
住	关于住宅的话题

这样掌握技巧！ 练习不断尝试抛出话题，直到成功热聊为止

接下来通过一项名为“初次见面的游戏”，做个非常简单的训练。我们设定谈话人是初次见面，可以一对一，也可以多人谈话。试着根据当下在脑海里自然想到的东西，从“木戸に立てかけせし衣食住”中选择话题开始聊天。如果一个话题聊不下去，则自然地过渡到下一个话题。

需要注意的是，在这个游戏中，有的人总是习惯把话题交给对方来选。**如果在游戏中都依赖对方选择话题，那么在现实世界中绝对不可能自己抛出话题。鼓起勇气并积极地抛出话题，这是学到谈话技能的不二法宝。**

34 聊天时避开谩骂、政治、宗教、棒球等“藏雷”区域

聊天要小心绕开禁忌话题，避免踩入雷区

大人和孩子不同，不会因为对方做的事情不中意，就胡乱发作。取而代之的是，大人会把让人不爽的人列入“要小心人物”名单，

并一生谨记与之保持距离。

举个例子，在你身边有没有游说你“加入 ×× 党”的人呢？有的人对这种游说不会太多想。但是，也有人会把那种借机拉票的人拉入黑名单，并刻意与之保持一定的距离。

对于商务人士而言，为了避免出现这种情况，“避开谩骂、政治、宗教、棒球”这些领域显得尤为重要。为什么这么说呢？因为，在这些话题里很可能埋着大量的“地雷”，稍有不慎踩中一颗就会把你送进对方的黑名单。

这些地雷的爆炸力，从轻微晃动到地动山摇都有。最轻的程度，就是将双方的关系推入“没法做好朋友”的境地。但是，如果遇到大爆炸，结果可就悲剧了。举个例子，如果在酒席上不知道对方是狂热的阪神队粉丝，而赤裸裸地大骂阪神队力挺巨人队，结果会怎样？想象一下侮辱对方全身心信奉的宗教会有什么后果就知道了。我们不排除有些人到最后会大打出手。

尽管如此，既然是双方谈话，有时候你不碰这些话题但是对方会碰。举个例子，很多人都会讨论一些涉及政治的时事问题，像“最近，自民党的支持率好像下滑得很厉害啊”之类的。

这时候，如果赤裸裸地露出嫌恶的表情，那就太容易踩到对方的“地雷”了。

因此，这时候，我们就要**避免提出自己的意见，而只陈述事实**，比如“好像是哦。今天早上的新闻还在说呢”之类的。

当和对方混熟以后，就可以试着探索一下对方的雷区在哪里。比如，可以试探着问一句：“你说的下滑，究竟下滑了多少来着？”

接下来对方就会回答“不支持率和支持率终于要反转了。之前的支持率本来就有问题”，这样或许我们还能从中知道对方是反对自民党的。或许对方的回答正好相反“但是这样的支持率数据不可靠啊。网络支持率也没下滑，我觉得国民最终还是会选自民党的”，这样我们同样可以知道对方是自民党的支持者。**我们要擅长利用这些信息，始终把自己放在“学习不足，啥都不懂”的位置上，避开对方的“地雷”，不断推进谈话。**

的确，如果能够熟练驾驭这些禁忌话题，就可以构建起深厚牢固的人际关系。比如，如果是同一支棒球队的粉丝，仅凭这一点两人就能成为好朋友。如果能够凑巧把握并利用好“同为狂热的阪神粉”这一点，也不失为一种手段。

不过，这是一项技术活，如果没有底气，还是不要轻易尝试的好。**特别对于商务人士之间的交往而言，人们普遍认为无需建立心灵相通的深厚关系。也可以说，我们没必要冒着翻船的风险，去尝试通过碰这些话题来缩短彼此之间的距离。**

这些方面要注意！▶在外国人面前，“姿容、体型”的话题是禁忌

最近大家和外国人接触的机会大幅增加，所以我们必须清醒地认识到在和他们接触的过程中，需要注意的禁忌话题也在增加。那就是“姿容、体型”方面的话题。

在发达国家中，日本人最喜欢对“姿容、体型”津津乐道。不仅像“胖了、瘦了”这样的话题满天飞，甚至人们还满不在乎

地谈论“秃了、老了、装假牙了”这类话题。然而，**在很多发达国家的人们看来，就算是往夸奖的方向走，“姿容、体型”相关话题也依然是谈论的禁忌。**

为什么呢？因为一旦谈论起人们在姿容和体型方面的差别，最终都很可能触及“种族歧视”这一危险的领域。所以，即使你看见外国美女，也不要对她的身体评头论足。**如果实在要说些什么，可以挑些比如今天的衣服很漂亮之类和姿容、体型、人种无关的事项来夸赞。**

35 摆脱讨人嫌的笑话

调侃虚构情节不调侃事实，既逗趣又不讨人嫌

接下来我们要说明一下简单易行的“调侃式逗乐”的注意事项。

如果自己费心设计的事情博取了笑声，将会给我们带来极大的满足感。针对自己被认可接纳时所带来的强烈快感，谐星上岗龙太郎先生有一句话：“当非常多人被我逗得爆笑时，那种快感比嗑了兴奋剂还要刺激。”因此，他还说过另外一句话：“作为艺人，如果有人去嗑药，那他一定是个无趣至极的家伙。”

实际上，脑科学研究也表明，“逗乐”能够带来强烈的毒品效果。而且，“逗乐”这味毒品也会让普通人沉迷其中。**特别危险的是，我们很容易沉迷于用他人缺点来搞怪的“调侃”式逗乐，比如在**

日常生活中常见的“头上无毛”“像关取[①]一样的胖子”等等诸如此类。这类玩笑不需要复杂的联想，也很容易博取笑声。因此，越来越多的人沉迷其中。

调侃式笑话的深度拥护者，当属世界级名人——意大利前总理西尔维奥·贝卢斯科尼。他出任意大利总理时，曾经调侃时任美国总统的奥巴马的肤色说：“奥巴马总统年轻、帅气，肤色黝黑。”此言一出，在意大利国内外掀起了轩然大波，被大家狠批这是种族歧视言论。

然而贝卢斯科尼并不长记性，不久他就再度大放厥词：“奥巴马是夫妻双双一起去沙滩晒日光浴的。因为奥巴马夫人也肤色黝黑。”

这和吸毒者被逮捕后，仍然还会伸手碰毒品是同样的道理。如果没有狠下决心，是不可能从中毒状态中走出来的。**特别是，那些平时高高在上没人敢怼的人，如果不自行觉悟，往往更容易沉迷于这种拿“歧视”以及“侮辱”等做笑料的调侃式笑话之中。**

虽然我们已经解释到这种程度了，但在沉迷于调侃式笑话者中，还是有人会找出各种理由来狡辩，说“我感觉那家伙就喜欢享受被调侃的滋味啊”，我敢断言这种想法大错特错。

如果要大幅降低调侃给对方带来伤害的风险，这里有一种不要调侃事实，而是调侃虚构情节的技巧。下面，通过我的一位朋

① 关取：日本相扑的力士级别，次于幕内。

友在我身上使用的事例来介绍这种技巧。

那次我感冒很严重，所以一脸的菜色，事情就发生在我吃感冒药的时候。他看到我的脸色后，无中生有地调侃我说：“你吃的药，是从哪个野郎中那里抓来的？”如果采用这种调侃的方式，虽然不敢保证 100% 的人都能理解这是虚构的内容，但是也不会让对方感到被侮辱冒犯。

当自己也要变成被调侃的活靶子时，相应的应对方法也是一项重要的即兴反应技巧，这里一并介绍。调侃的一方已经是“逗乐”这剂毒品的中毒者了。因此，我们只要直接打断他的笑话就可以了。首先，最简单的方法就是，**在被调侃时收起亲切的笑容**。然后，摆出一副稍微有点可怕的脸孔，让周围的氛围变得有点尴尬微妙。这样一来，“笑”这粒毒品就失去了作用，调侃者也会觉得“调侃这个人不得劲”。被调侃者也就不会被小瞧。

还有一种方法，**就是当被调侃之时，站在更高的高度进行反击，把笑点牢牢掌握在自己的手中**。举个例子，我因为牙龈有点突出所以曾经被拿来调侃。

那时，我就一边指着自己的嘴巴，一边用玩笑回击对方：“这可不是牙龈！看仔细！这里只是含着一个巴巴爸爸。”这样一来，周围的人就不是因为我被调侃，而是因为我的发言而笑了。由此，取笑被调侃者的这粒毒品就没有发生作用，而且对方也会觉得“调侃这个人不会获得什么效果”。

在自身的自卑点方面，由于很多地方都会成为被拿来调侃的内容，所以总结几条经典的还击套路备用，也是一种很好的方法。

通过幽默风趣的反应，给人一种“靠谱”的强烈印象

36 怀着未知的心情倾听已知的事情

对已知事情“百听不厌”，满足对方的倾诉欲

人们对于自己所熟知的事情，都有想要倾诉的欲望。当然了，要是对方刚好又能传授自己完全不懂的知识，那么这肯定会是一场非常有趣又有益的谈话了。

但是，也有人喜欢抱着那些谁都知道的陈芝麻烂谷子的事情，端着一副“只有我才懂”的架势自说自话。还有一些人，每次都拿出同样的事情翻来覆去炒旧饭。面对这种情况，你是否也会用一副不耐烦的表情直白地回敬一句“这些我都知道啊”，然后把现场的气氛打入冰窖呢？

这次，我们就向大家介绍一下，如何在良好的氛围中，与这种稍微有点烦人的“倾诉欲望者”进行交流。

我们前面已经说过了，人都很喜欢向别人倾诉自己熟知的事情。因此，简而言之就是，**如果你想要和对方聊得热火朝天，只要问一些他所熟知的事情就可以了**。就算对方又要重复同样的话，只要我们不厌其烦，仍然兴致勃勃地倾听、回应，就一定能把话聊得热火朝天。从这个逻辑出发，这种“怀着未知心情倾听已知事情”的方法，会非常有效。特别对于说话者而言，这是一种类似在接受服务时才能享受到的待遇，因此也可以说它是一种专门面向商务谈话的技巧。

另外，“怀着未知心情倾听已知事情”说起来容易，但也不是谁都能简简单单做到的。如果对方的话很无聊，那些刚直的人就会把不耐烦写在脸上。如此一来，尽管说话者不顾现场氛围不停地说着旧话，但是他们仍然会敏感地捕捉到对方的面部表情，并由此而兴致大减。这是一个令人非常两难的境遇对吧？因此，为了做到“怀着未知心情倾听已知事情”，请随时保持自己活跃新鲜的感受力。**具体而言，我们推荐大家一个方法，那就是“始终对对方的情况以及说话的细节保持兴趣”**。举个例子，假设有个大叔一喝醉就像往常一样，开始吹嘘自己曾经击退色狼的事迹，此时我们姑且认真地听一听，并满怀兴趣地看看他“和前一次的述说有何不同”。

有一类人做着与此完全相同的事情，他们就是在舞台上成百上千次地演绎同一部作品的舞台演员。举个例子，出演杀人推理作品的演员，他从第一次接到剧本开始就已经知道了谁是杀人犯。尽管如此，当他每次站在舞台上发现杀人犯的那一刻，还是必须生出那种逆天的惊讶之情。

他们究竟是怎么做到的？虽然可能也跟演员自身有关系，但是所有舞台演员有一点是共通的，那就是他们绝不会有一丝一毫“啊——又要听一遍早就知道的事情了”这样的想法。与此同时，演员们在舞台上总是细致地听取搭档角色的话，并相应作出恰当的互动回应。

就像这样，**我们普通人在不得不再听一遍已经知道的事情时，不妨试着告诉自己“这是我想听的话”。然后，为了将自己训练成上述舞台演员的那种状态，至少还是要耐心地听面前的人把话说完的。在此基础上，更多地把自己的注意力放在对方说话的细节上。**

实际上，在服务行业这是一项人尽皆知的谈话技巧。很多人心里都期望能倾诉自己的事情，并得到他人的认可。而满足这项期望的，就是那些男女服务员们。一流的服务从业人员，往往能兴致勃勃地对顾客重复说的事情百听不厌，并和对方聊得热火朝天。

为什么面对同样的话题，他们可以一直保持高昂的热情去倾听呢？因为他们倾听的同时还在时刻用心地判断顾客的最新情况。“对方还想不想再喝几杯”，“对方的钱有没有花得太猛”或者“对方还有没有可能再多消费一些”等，他们无时不刻都在敏感地读取这些信息。而倾听顾客口中“同样的话”，就是他们读取信息的素材来源。如此一来，他们根本就没空去厌烦了。所以，他们可绝不是发扬志愿精神，无缘无故站在那里貌似兴致盎然地听对方讲那些早已听出了茧子的段子。

这样掌握技巧！▸让老树开出新花

坂本龙马一生声名显赫。不管是谁，都熟知龙马先生在什么时期做过什么事情。尽管如此，似乎还是每年都有龙马题材的电视剧或者电影作品问世，并引起热烈的反响。为什么众多龙马的粉丝们，能够不厌其烦地一遍又一遍想要重温镜头里龙马那些相同的人生经历呢？那是因为，他们在对龙马这个人物抱有强烈兴趣的同时，还非常期待“这次的作品到底会从什么角度切入”。

因此，我们推荐大家尽可能一口气看好几部与龙马相关的电视剧。即使看够了，也请坚持看下去。只要坚持下去，你就能发现与上一次看的时候有所不同，一个享受身心愉悦的世界在前方向你招手。如果能够找到这种感觉，那么下次即便再遭遇到重复说同样内容的人，你也能津津有味地听下去了。当然了，训练的时候选择龙马之外的其他作品也没问题。

37 即使对方是闷罐子也能让他喋喋不休

见面开场先说对方的变化，让对方主动打开话匣子

即便在演艺界，塔摩利先生也是屈指可数的谈话达人。特别是《笑一笑又何妨》这档节目每天都是现场直播，塔摩利先生不管面对什么样的对象，总能把即兴谈话聊得热火朝天。

我记得塔摩利先生经常会在节目现场突然问嘉宾“你剪头发

了？”或者“最近在锻炼吧”之类的问题。**实际上，这种“谈论对方身上发生变化”的做法，是一种非常有效的话题带热技巧。**

在《笑一笑又何妨》节目中，不管面对什么风格的名人，也不管来的人是谁，塔摩利先生都会欢迎对方做客节目，然后一对一畅聊 15 分钟。如果嘉宾是像谐星这种擅聊的人，则他们自己就会非常期待着“今天可以和塔摩利先生畅快地聊一聊了”这种时候，只要顺着嘉宾想说的话题，自然就能往下聊了。另一方面，如果来的人是不习惯谈话节目的嘉宾，他们在直播镜头前面就难免紧张，估计也不太可能有主动提出话题、快乐融入谈话的闲情逸致了。这种时候，使用“见面开场，先说对方变化”的方法，问对方一些“你剪头发了”或者“最近在锻炼吧”之类的问题，将会收获奇效。

不管是谁，都非常喜欢向周围的人推介自己感兴趣并且熟知的事情。也就是说，**当对方对谈话本身兴趣寥寥时，只要把话题转向对方熟知的领域就可以了。这里的诀窍就在于无论谁都是“自己的专家”。这是什么意思呢？不管什么人，他在这个世界上最感兴趣并且最熟悉的东西，恐怕就是自己的发型、服饰、体型以及身体状况等方面了。**

因此，只要使用了“见面开场，先说对方变化”的方法，即使那些严肃死板的人，也可能开始变得健谈起来。顺便提一下，**虽然这里说的是“见面开场”时，但其实只要在一发现对方变化的节点上，马上把这种变化说出来也可以。**不过，根据“突降法”这一科学的谈话技巧理论——“在谈话的开场白中提出对方关心的问题，更能够带热双方的谈话”，因此我们还是尽可能在“见面开场”时就提及对方的变化，这样效果会更加理想。

“你剪头发了”是经典必问题

这项谈话技巧还潜藏着许多其他效果。人们更趋向于对那些在自己身上倾注兴趣的人抱有好感。心理学术语叫做“好意的回报”。因此，如果能在见面开场的时候提及对方身上发生的变化，就等于向对方表明“我对你很感兴趣呢”。也正因如此，被关注到自身变化的对方，就很有可能会对你抱有好感，并敞开心扉与你交谈。

反之，有时候人们会对那些对自己不感兴趣的人，抱有一种愤怒的情感。比如，中老年夫妇中的妻子就会因为“他居然没有发现自己到美容院做了新发型”，而对丈夫表示不满。

无需赘言，为了确保安全，即使对方的变化再明显，也要避

免提及对方“变胖”“变秃”等这类消极的变化。

这样掌握技巧！ 观察对方身上发生的变化

接下来介绍一款“观察说话对象”的游戏。召集两个以上的人，让他们相互观察对方。然后试着说一说对方的变化，想到什么说什么。

不过，如果被提及变化的人觉得不舒服时，要打断对方并表示“这话我不爱听”。

通过这款游戏，可以培养观察对方变化的眼力。而且可以弄明白，当提到什么话题时会引起对方的不快。通过训练，今后不管和谁即兴谈话，都能够注意到对方身上发生的变化，从而把自己的热聊能力提升一个台阶。

38 再也不做容易招人骂的人了

总指望别人为你做判断，容易变成招骂的人

大家参加工作后，身边一般都会有那么一两个很容易招人骂的人吧。

然而，实际上即使是这些人，他们也在小心翼翼地尽可能避免引火烧身。尽管如此，无论工作做得好坏，唯独在那个人身上还是会频繁地发生引火烧身的情况。人一旦陷入了招人骂的怪圈，

他自己有时候也觉得莫名其妙，简直不可思议。最终，他会陷入一些与工作完全无关的烦恼之中，比如“自己的样子一定很难看吧”“自己是不是嘴很欠”之类的。

就算你正好不幸是这样的人，其实也完全没必要低落。**实际上，容易随便就惹火上身的人都有一个非常明显的共通点。那就是，在谈话中过分“希望对方给出判断”**。

在此，我举一个自己亲眼所见的例子进行比较分析，那是发生在一位不会惹怒别人的导演 A 先生和总是引火烧身的 B 先生身上的谈话。有一次，主持人问他们情况报告和 VTR 的试映安排在什么时候。A 先生对主持人说道：**“联络员刚才通知，现在字幕负责人还要 1 个小时左右才能就位，而且目前我们正在编辑另一段 VTR，所以 1 小时后两个一起安排试映吧。”**

与之相对，总是引火烧身的 B 先生的回答却是：**“刚才有消息说字幕制作的人迟了，搞得我们很被动。虽然我们现在暂时安排了其他 VTR 的编辑工作，但你看这要怎么弄嘛？”**

估计你已经发现了，实际上无论 A 先生还是 B 先生，他们的做法其实是完全一样的。只不过，两人的交流方法却完全不同。不会惹怒别人的 A 先生只是说明了一下“现场情况”，而总是引火烧身的 B 先生说的却是“现在出了麻烦很难办，所以希望主持人下个决断，接下来该怎么办”。

这件事情如果从主持人的角度来看，两人虽然行为相同，但是给人留下的印象却完全不同。对于自己的工作 A 先生显得一切尽在掌握之中，而 B 先生却看似完全不知道自己应该做什么。

因此，就算主持人接下来要做的事情完全一样，也只可能对 B 先生怒怼道：“你问我该怎么办？凉拌呗！”

那么，要避免这种情况发生，该注意哪些方面呢？那就是在谈话中尽可能“不让对方做判断”，这点非常重要。

话说，现在大家都觉得“现在的年轻人，根本无力在工作中自行决断”。然而，很多情况下这并不是判断力的问题，而是单纯的交流方面的问题。

眼下，很多兼职岗位都要求工作人员严格按照指南操作。所以，他们在工作谈话中就必须隐藏自己的判断，也就变得必须要像例子中的 B 先生一样去说话了。一早就在这种兼职工作谈话风格中耳濡目染的年轻人，一旦真正进入社会后，一时半会根本转不回来。正因如此，**他们才会在谈话中寻求年长者的判断，自然免不了被怒斥“现在的年轻人，根本无力在工作中自行决断”了。**

顺便提一句，如果在美国工作，区分使用这两种谈话方式非常重要。因为在美国，要严格按照指南操作的工作和必须通过自己下判断的工作，两者之间的区分比起日本来要明确得多。

按照指南操作的所谓蓝领工作，其成绩是根据遵照指南的程度来进行评估的。因此，需要在谈话中收起自己的判断。

与之相反，如果白领在工作谈话中不显示出自己的判断，则会被认为是个“不堪重用的人”，最后难逃被解雇的命运。正是因为通过一场谈话就能够改变上司对自己的印象，能够改变自己的收入水平，所以美国人对这种类型的谈话比日本人更敏感。

这样掌握技巧！ 通过虚构的麻烦，来训练自己不依赖他人下判断

接下来，做一个“报告麻烦游戏”，训练你在谈话中不必寻求对方判断的能力。召集两个以上的人，其中一人只要向周围的人报告自己遇到的麻烦就可以了。此时，大家可以开动脑筋想出各种有趣的麻烦。其中，肯定有那些平时总在谈话中寻求对方判断的人，会下意识地问：“该怎么办啊？”但是，游戏中一旦有人提出这种寻求判断的问题，就算输了。

做这个游戏还有另一个目的，那就是可以让那些什么事情都寻求别人判断的人，反过来体验一下什么事情都被对方要求下判断会是一种什么样的心情。因此，烦恼的诉说者和倾听者双方的角色，都能体验一下。通过这款游戏训练，即便遇到即兴场合，你也一定可以在谈话中摆脱对别人下判断的依赖了。

39 能够在谈话中逆转双方的关系

凭实力让对方心服口服，是关系逆转的关键

年轻的时候，我在一家电视制作公司找到第一份工作，在第一次上班的那天遇到了一个无厘头的插曲。

那天我按照面试时指定的地点，在指定的时间赶过去。但是，和我同一组的节目工作人员一个都没来。因此，别人让我在一间房间里等待相关人员的到来，于是我怀着对新工作的期待忐忑不

安地等着。

就这样，大约等了 1 个小时，我的节目导演终于出现了。还没等我打完招呼，对方就突然开始发飙道：“你既然有一个小时的时间，就不会把房间卫生搞一搞吗？”我整个人愣在那里，顿时丧失了所有的工作兴趣。

当然了，生活中并不会总是遇到这种过分的上司。然而，**日本人一向看重的礼仪，一般只重视下属对上司单方面的礼敬有加，这也是事实。**

举个例子，作为日本新进的职员，即便他的存在对工作还无关紧要，但是如果胆敢迟到，那后果一定非常严重。与之相对，如果是年长有地位的职员，就算对众多部下造成再大的麻烦，只要轻描淡写地说一句“有别的事”，照样可以堂而皇之地迟到。就连这些新进公司的职员，他们在比如说餐饮店这些地方对店员呼来喝去的态度，其实也是基于同样的道理。

就像这样，在将“上下关系”视为绝对铁律的日本社会中，人一旦落入“下级地位”，则不得不在束手束脚的不自由状态中求生存了。

不过即便如此，你也不必因为处于下级地位而自卑。因为，就算处于店员和顾客这种上、下地位明显的关系中，只要使用“站在专家的立场上说话”的方法，你就有机会逆转你们的立场关系。

我认识的朋友中，也有那种一站在“顾客”的立场上，立马就变得态度粗暴的人。我的那位朋友特别对那些看过去比他自己年长的店员傲慢无礼。但是唯独对某间酒吧的一位比他小的年轻酒保彬彬有礼。理由是，那位酒保恋爱经验丰富，每次去喝酒都能给他提供一些恋爱方面确实有用的咨询，所以我的朋友对他既尊敬又感激。在当下的场合，那位酒保先生就是一位恋爱导师，而我那位粗暴的朋友则处于学生的位置。由此可见，就连顾客和店员之间的这种上下关系，也是可以逆转的。

这种操作模式，也可以把它运用到办公室里。

在我工作的第二家电视制作公司里，大家对年轻人的态度依然很粗暴。

于是，我拿出在美国学到的即兴技巧，试着运用其中“树立起专家地位”的技巧。我首先尝试着将自己的人设定位为“电脑专家”。因此，只要公司里一有人说自己的电脑不行了，我就会积极地凑上去问“要不要帮忙”。一段时间之后，我在公司里的地位果然发生了变化。刚进公司的时候，我就是个匍匐在公司最底层，“根本摸不着北，随时都想辞职的年轻人”。通过努力，过去颐指气使命令我“去给我买包烟”的人，到后来却一边给我递上罐装咖啡，一边向我道谢说“刚才太感谢了”。

看到这里有人可能会想，我不懂什么电脑，也不是什么恋爱辅导达人，凭什么打造自己的专家地位啊。**你只要记住，这种专家不一定要与工作有关，只要努力成为自己真正擅长领域的专家就可以了。**

比如，能够在“发现隐秘的餐饮小店”“时尚潮流”“赛马”等方面有所专长也都可以。先试着树立这种意识：一定要找到一件值得夸耀的事情。然后带着这种意识找到自己擅长的领域，把相关的信息毫无保留地和周围的人分享。这样一来，就算对方平时再粗暴蛮横，也一定会对你态度和蔼的。

40 脑袋不要转太快，谈话中要经常保持冷静

面对生人保持住平常心态，才能避免露怯

其实那些不擅长与初次见面者打交道的人，比我们想象中的更多。

我自己也就是现在好了点，但骨子里其实还是一个非常怕生的人。

这一问题在我的学生时代特别严重。举个例子，只要一和初次见面的人接触，我那平时本来就很小的声音就变得更小了。这样一来，对方根本听不清我说的话，脸上表情多少会有些莫名其妙。然后，我就会感觉到对方的异常表情是出于我的缘故，于是更加慌乱得直冒冷汗。结果，最后我连一句话也说不出来，只能战战兢兢地站在那里不住地点头。真是恶性循环。

之所以会变成这样，是因为人的大脑只能将注意力集中在一件事情上。很多怕生的人，就是因为在拼命避免对方产生厌恶感方面花费了太多心思。

之前，我在负责为谐星天野博之先生做电子杂志的企划时，曾经教过他一段时间英语。天野先生的声音在一众艺人之间也算是洪亮的。

但是，就连天野先生，当他在集中注意力练习英语语法的时候，声音也会变得比平时更小。估计是因为太过于专注英语语法这件事情，所以他的脑袋无法同时运转以确保平时的大嗓门吧。

这就证明，在与初次见面的人说话时声音变小的人，并不是因为音质或者声带出了问题。如果不让超负荷运转中的大脑稍微冷静下来，人是无法用和平时一样大的音量说话的。

针对这种浪费大脑运转资源的人，我们有一个推荐的方法，那就是“把初次见面的人当成年长者来对待的应接之术”。

我们在和耳朵稍有不便的年长者接触时，最关心的问题就是如何“确实把话传到对方的耳朵里”。举个例子，假设我们问对方：“老爷子，您的药喝下去了吗？”结果对方完全没听到。这种时候，最终我们的问题会变成“药喝了吗”，根本不会再去管什么敬语不敬语，只求尽最大努力把必要的事情传达清楚就行了。同样的，在和初次见面的人接触时，我们也不必过于把精力花费在和对方距离的远近，以及敬语使用正确与否这些繁文缛节上。

而且，只要我们能把注意力集中在“信息传达”这一件事情上，至少在接触过程中保持平时的音量这点事情肯定还是做得到的。

你再怎么担心“这样行不行啊”等诸如此类的问题，也根本于事无补。就算你的敬语多少用得有点混乱，然而在周围的人看来，总比那些紧张得战战兢兢的人要强多了。

美国的企业家、演员以及运动选手等，他们即使在接受媒体采访时，大部分人也都能够侃侃而谈，对吧？看到这些，有的人可能会觉得他们“就是和日本人不一样”，认为这是 DNA 决定的先天差距，然而这种想法是错的。如果在美国你是一副畏畏缩缩的样子，说起话来细声细气、闭口藏舌的，那一定会过得很艰难。因为仅凭这一点，你就有可能得不到别人的信任。因此，大部分美国人在成长过程中，从孩提时代开始就经常被提醒有事情要“大胆说出来”。进入高中以后，他们还可以在学校选择演讲以及辩论等各种课程。也正因如此，大多数美国人都能够在人前大胆地说话。**也就是说，是否怕生并非与生俱来的缺陷，而纯粹是能否接受训练的问题。因此，坚持训练非常重要。**

这样掌握技巧！ 驱除大声说话的羞耻感

让我们通过这款“老年人初次见面游戏”来进行训练。这款游戏的玩法，就是两人一组从“初次见面”开始彼此的谈话。只不过，两人都要扮演耳朵不好使的老年人。因此，在谈话中，除非对方用远高于通常谈话的音量大声说话，否则另一方就必须反问：“诶？你刚才说什么？”就算把游戏玩成以前志村健先生的滑稽短剧那种感觉也没关系。只要通过这种训练，在一定时间内大声和初次见面的人谈话，则在现实生活中也一定可以纯熟地大声讲话了。为什么这么说？因为一旦喉咙以及耳朵等器官习惯了大声说话，则不用经过刻意思考也能打开嗓子。再强调一遍，是否怕生只是训练与否的问题。所以，首先让我们试着从放声说话开始训练吧。

41 在谈话中不要让人觉得你是个“刺头”

自大往往源于无知，保持谦卑才能收获更多

“不懂装懂”是在什么情况下产生的呢？实际上，在自己完全不懂的事情以及自己非常熟悉的事情面前，大部分人都不会不懂装懂。

但是，也有人喜欢在那些自己只了解半桶水的事情上面不懂装懂，然后以此攻击他人的认知。举个例子，就拿实用英语技能鉴定 3 级的人来说。虽然对英语知识不能说一无所知，但是也还没有达到流畅对话的水平。然而，正是很多英语能力处于这一水平的人，往往最喜欢取笑那些英语蹩脚的人，或者对英语教材以及自己的英语老师找茬挑刺，大肆攻击。**这种“一瓶子不满，半瓶子晃荡”的法则，不只适用于英语学习，肯定在很多事情上也同样适用，所以请用心留意并观察周围是否有这样的人。**

为什么不懂装懂的人会变得更有攻击性呢？因为他们对自己自身知识不足这一点其实心知肚明。显而易见的一点是，知识储备不足的人即便向他人寻求论据支持自己的主张，也无法讲出什么高深的知识。在这种状态下要想自己的主张得到认可，或者争取更高的站位，就只能使用攻击性的手段蔑视他人，让周围的人无可辩驳。

一旦变为这类“刺头”，对你的交流将会产生非常负面的影响。因此，很多人应该都不希望自己成为这样的人吧。

然而，当自己只有半桶水时，正是因为这种一知半解让我们很难清醒地认识到自己的无知。另外一些人则是耻于承认自己的“无知”。

那么，我们不如转变一种思维，而不必强行自觉自己的无知。这就是“把不知道的事情当武器来使用”的技巧。

我们在书中已经强调过多次，在谈话过程中很重要的一点是，不要自己喋喋不休，而要尽量让对方多说。因此，我们要更加积极地捕捉对话中的机会。“当遇到自己不知道的事情时，从对方的话语中获得灵感，也能让我们有所收获”。并且，如果能做到清楚地认识“什么是自己不知道的事情”，然后向对方寻求意见答案，那么你就能成为一个完美的谈话对象。

在前面提到的英语例子中，不要去攻击那些英语说得很差的人，而是转而问对方“你是怎么学习的”，像这类可以转而反问的事情还是很多的。

这种模式实际上是以肯定的方式去接纳对方。总而言之，这也是即兴技巧基础中的基础模式，即“Yes、and”模式：首先肯定地接纳对方，然后再推进谈话。

谁都喜欢说自己熟知的事情。

因此，特别在和年长者谈话时，比起那些不懂装懂的人来，能够坦言自己“不懂”然后兴味盎然地倾听对方的人，反而让人觉得更可爱。

42 认清谈话目的有助于自然消除紧张感

明确谈话目的并全力以赴，紧张感自然消除

即便是那些觉得自己笨嘴笨舌的人，一旦成功代入了某种身份，也一样能够马上变得侃侃而谈。不过这里的身份，不是指艺人、教师、议员这些一听就是靠嘴巴吃饭的身份。而是指“母亲、父亲”“公司员工”这种一般人都拥有的身份。比如有些女性，平时在医生面前连描述一下病情都很困难，自己感冒发烧去医院也只能默默地拿点药完事。**但是，就是这样的女性，一旦她转换为“母亲”的身份则立马变得判若两人。就算面前的医生再专横威严，她也会一一仔细确认孩子的病情、医生开出的药方，不弄清楚所有疑问决不罢休。**

为什么，人一旦代入了“身份”，就能变得侃侃而谈呢？

这是因为，他明确了自己谈话的目的。

前面例子中提到的拥有“母亲”这一身份的女性，在她们的心里有一种天然的使命，那就是要将孩子的病情了解得一清二楚。这样一来，她们在和医生沟通的时候，就明白自己到底必须问什么问题，也就是对谈话目的一清二楚。因此，就算面前的医生多少有些专横霸道，为了达到目的，她也能够无所畏惧地把想说的都说出来。

总而言之，如果要想积极地展开对话，那么“代入自己的身份”“发觉自己谈话的目的”就显得异常的重要。

这一技巧对容易紧张的人非常有效。紧张一般是在想要做超

过自己实力以外的事情时产生的一种心理现象。所以，如果在自我展演时突然开始紧张起来，则不妨让自己把注意力放在自己想要对谁传达什么内容这一点上。

举个例子，在金融公司证券分析师的展演中，必须深入浅出地向自己的顾客介绍当前的经济状况。在这种情况下，我们就要把“一定要好好表现”这样的抽象要求从脑海里赶走，然后把注意力放在“如何让顾客理解我所阐述的经济状况”这一本来的具体目的上来。

接下来，我们就必须尽力通过顾客的表情和态度，随时读取和把握顾客对自己的讲解所产生的共鸣度。在读取这些信息的基础上，我们或许还能够为顾客即兴添加一些额外的信息。**就像这样，只要一边细致入微地观察眼前的交流状况，一边全力以赴思考自己所要表达的东西就可以了。如此一来，你根本没时间紧张，紧张感也就自然而然地烟消云散了。**

这种技巧在一对一的交流中也非常有效。举个例子，在面试的时候，你需要通过对话“向面试官推销自己”。**如果能够明确地意识到这层目的，那么在面试的交流中就不会只是单纯被动地“回答面试官提出的问题”了。**或许，你还会开始自觉地对眼前的面试官喜好进行分析，比如“在这位面试官面前讲讲兼职经历，以及讲讲在体育运动中奋勇拼搏的事迹好像会更受欢迎呢”。这样把注意力集中起来，就可以防止在说话中由于过于紧张，反而说了太多无用的事情。

这样掌握技巧！ ▶ 暗地里给自己下任务

平时在与朋友们的交谈中，可以像主持人一样试着暗地里给自己下个“掌控现场”的任务。举个例子，假设在 A 先生的欢送会上，3 ~ 4 人聚在一起聊天时，你可以为自己设定一个目标——让在场所有人的话都围绕着对 A 先生的感谢展开。有了这点认识，你就可以发现一些平时没有注意到的事情，比如“B 先生一句话都没有说”“C 先生不就是在发牢骚吗”等等。大家可以试着像这样抱着目的去说话，然后把自己的注意力集中在你的目的上。如果习惯了这一做法，则即便在不同的场合，你也可以把注意力集中到实现自己既定的目的上来。

效果

不善言辞的你，也能变得对自己信心满怀

43 你也能说出值得一听的话

少些场面话多些真实感受，交流才能深入人心

看过美食节目的人都知道，艺人们会在屏幕上笑容满面地大声说“好吃”，特别是年轻艺人们往往会作出夸张的反应，让人觉得显然下了一番事前准备的功夫。在吞下一口美食的瞬间，有的人睁大眼睛，有的人双目紧闭，还有的人一边手舞足蹈一边大喊“好吃”，同一句话在不同人的身上却有不同的反应模式。

尽管如此，也不是反应越大就越能向观众传达食物的美味程度。**有时候，的确有些反应轻微的外行嘉宾一句轻声的“好好吃啊”，就非常能够勾起观众的食欲。**

之所以出现这种反差，**是因为人是一种非常擅长交流的动物，具有分辨说话者到底是“真心”还是“假意”的本领。**因此，尽管谐星在上电视录节目的前一天，在家里提前练习好了自己说“好

吃”的最佳表情，也依然骗不过观众的眼睛。归根到底，在面对 3 万日元一顿的牛排、100 日元一张的炸肉饼和 800 日元一碗的拉面时，人们对此作出的反应一定会有一些微妙的不同，这是不言而喻的。

如果参加美食节目的艺人毫不理会这些，准备面对所有料理，都用最好的状态将前一天练习好的“好吃”演绎给观众看，结果会如何呢？**如果这样做，则根本无法将何种东西、如何美味这些信息传达到观众的心里。**

在日常会话中也会发生完全相同的情况。比如，有的人会被身边的人认为“眼里没有笑意”。这种人很有可能已经在无意中在自己心中制定了一条类似“一见到动物就要说好可爱”的规则，于是他们总是条件反射式地说一些言不由衷的话。举个例子，你曾经也一定遇到过这样的服装店店员吧：顾客一从试衣间出来，他就会条件反射式地凑上来说“非常合身”，然而眼里却没有任何笑意。要改掉这个习惯，就必须彻底做到“绝不事前准备反应腹稿”。

总之，要想在互信中交流，就必须把自己的真实感受，通过即兴的语言传达给眼前的人。

话说回来，就算再怎么强调有话直说，也并不意味着可以不管不顾地倾诉那些消极的话语。就算再勉强，也要让自己的心积极向上，要把负面的东西转变为正面的东西，这一点非常重要。

为了说明问题，这里向大家介绍一个我的亲身事例。有一次，我打算穿得时尚一点去参加一个庙会，于是到某家和服店试衣服。

当时我身材非常消瘦，留着胡子，顶着光头。所以，我穿上和服的样子，怎么看都像国语教科书中的那个行将就木的正冈子规。如果看见这副样子，店员还敢闭着眼睛说“很合身”的话，我一定会翻脸的吧。

但是，那位店员却建议我说：“这位客人，您比较瘦比较高，体型比较像外国人，所以似乎西装对你非常合身。要不要试试看呢？”

实际上，这么说和“你不适合穿和服”是一样的意思。但是，我却感觉那位店员真心实意地告诉我是外国人体型，他的话听起来一点都不刺耳。

这样掌握技巧！练习在美食报告中寻找中意的要点

让我们通过这款美食评价游戏，来练习“绝不要事先准备反应腹稿”的技巧。

游戏方法很简单，只要在家庭聚会或者朋友聚餐时，一边吃饭一边如实地说出自己心中对食物的评价就可以了。当然，你自己心里绝不可以说谎。虽说如此，但也不允许讥诮贬斥。关键在于要如实地说出积极方面的评价要点。

要做这个游戏，就必须自动对所吃食物的色、香、味、器皿、食材以及厨师的努力等，所有有关的事情进行细致入微的观察。就算遇到了难吃的料理或者不合口味的料理，也要如实地，但是用积极的语言表现出来。

只要能坚持做这个游戏，就能提高你瞬间观察、研究身边事物的能力。到最后，即便在即兴场合，也会避免说那些早已在心里打好腹稿的话，而是去表达现场的真实感受。

44 善于提炼出别人尚未清晰表达的观点

能够体察并道破众人的心声，就能一呼百应

有一种人学历不高，但是“脑袋非常聪明”，令人敬佩。比如，名人伊集院光先生虽然高中时就中途退学了，但是很多时候听他讲话，却感觉比那些大学毕业的名人还要聪明。

实际上，伊集院光先生并不是那种在谈话中靠使用生僻词汇卖弄小聪明或者知识量的人。既然这样，那么为什么伊集院先生说的话，能让人感受到强劲的说服力呢？**其中最大的理由，可以说是因为“伊集院先生总是能带着他那独特的目光，切合谈话主题娓娓道来”**。

人们总是对谈论他们不熟悉的事情兴趣寥寥。因此，那些能够勾起对方兴趣的话题，就是对方已经了解到的信息的加强版。**如果能够从这些信息中，提炼出“别人尚未清晰表达的观点”来，则一定能够引起许多人的共鸣**。举个例子，在2017年众议院选举中，东京都知事小池百合子如愿建立了她的新政党。当时，对于小池知事是否要辞去刚就任不久的知事一职，转而进军众议院选举，一时成为举国热议的话题。当时小泉进次郎站出来指责小池知事说“这种做法非常不负责任，即便她最终没出来参选，也

非常不负责任”。这句话替广大国民说出了堵在他们心底但是谁也没表达出来的心声，因此引起了广泛的关注。

这样掌握技巧！ 挑战一下具有独特视角的短评

像小泉进次郎那种程度的锐评，我们普通人一般很难做到。

然而，只要经过训练，无论谁都能在某种程度上做到提炼出“别人尚未清晰表达的观点”。接下来介绍一款最适合做这种训练的“短评游戏”。

不管内容是什么，只要想到了任何堵在心里的事情，先试着写下 1000 字左右的短评。无论是政治问题还是身边的人际关系，针对任何话题都可以。因为我们要训练的是即兴谈话能力，所以请不要事先准备内容，而是即兴书写。文章写得好坏与否也没关系。你一开始或许并不清楚埋在心里的是什么事情。但是，只要你不断回顾并把近似的事情写下来，就一定可以筛选到一篇让自己觉得“就是它”的相关文章来。**讨厌写作的人可能会麻烦点，但是这种扎扎实实的努力在锻炼人的独特视角方面非常有效。**

45 让人觉得和你在一起谈话很舒服

说话情绪符合谈话的语境，交谈才会舒心

有人觉得“情绪高昂”是一件好事，并将其奉为销售宝典。

能够在谈话中保持“我对你的谈话很感兴趣”的姿态当然很好，但是有的人却因为附和或者帮腔得太夸张，情绪高昂得离谱，反而过犹不及。

的确，在一些社交类的指南书中提到要“提升你的情绪”，但是这取决于具体的时间、场合以及现场的情绪状况。**实际上，很多人在和情绪比自己高昂得多的人接触时，反而会感到不安。**

当然了，在体育场上我们经常鼓动大家“拿出精气神来”。在这类特殊情况下的交流中，高昂的情绪是必要的。不过，在日常生活中就不需要了。那么，**我们应该把情绪控制到什么程度才妥当呢？首先让我们有个基本认识，那就是只要比对方高一点点就够了**。换句话说，就是要让人感到你在兴致勃勃地倾听对方讲话，但是又“不要勉为其难地做这件事情”。我们在前面也曾提到过“绝不要事先准备反应腹稿的临机”之术，因为人是有发现谎言的能力的，所以假情绪也同样要不得。

许多主播也在经常使用这个方法。比如，我们可以来看一下NHK（日本放送协会）的主播有动由美子。说到有动女士，她曾是NHH消息类节目《早市》的晨间主播。当时的有动女士，一大早就在节目中用高昂的情绪感染并引领着身边的演职人员。那么，这是不是就表明有动女士在其他节目中，也同样保持高昂的情绪呢？答案显然是否定的。在和沉稳严肃的嘉宾对话时，有动女士并不刻意提升情绪，而是一副严肃认真的状态。

尽管如此，无论在什么场合，有动女士总是将自己的情绪调整到比对方稍高一点的状态。习惯会让我们产生惯性，**但是我们**

一定要像有动女士一样，根据谈话对象适时调整我们的情绪状态。否则，对方很有可能认为“你这个人很难说话”。

这样掌握技巧！

接下来向大家介绍一款“情绪掌控者游戏”。这款游戏需要2人以上参加，其中1人做“情绪的掌控者”。其他人密切注意观察掌控者的情绪变化，尝试将自己的情绪保持在比掌控者稍高一点的状态。许多人都会将情绪保持在自己的舒适范围之内。因此，很多人都会觉得，配合别人的情绪转变自身情绪的高低状态，是一件非常困难的事情。尽管如此，情绪的高低调整只是一个习惯问题，只要稍加练习，马上就可以掌握。**就像在葬礼上遇到旧友时，无论那是多么令人感怀的久别重逢，也不可能有人会在那种场合下兴高采烈地说话。总之这就是一个认识上的问题。**

在这款游戏中，你首先要认识清楚自己平时没有注意到的说话情绪状态，找到控制情绪的方法，最后成为一个让人觉得你是个“很好说话的人”。

46 说出真心话，避免突然遭人厌

不要刻意扮好人说“谎话”，坦诚自然就很好

曾几何时，女星Becky的不伦恋情，在社会上引起了轩然大波。

盘点演艺界的明星们可以发现，有过不伦恋情的不在少数。不过比起其他明星，对 Becky 女士的抨击却要严厉得多。

理由之一是，在被发现不伦之恋前，Becky 的人设一直是个“好女孩”。因此，很多人都因为觉得自己被 Becky 给“欺骗”了而大失所望，最后发展成对她的过度抨击。

在和别人接触时，人们往往会给对方性格定位：这个人，是这种人。然后，当这个人做的一些负面事情超出了这种设定范畴导致人设崩塌时，人们就会觉得受到了欺骗而怒气冲天。

举个例子，假设你认识一位 A 先生，他平时总是组织一些上街捡垃圾的志愿活动，而且态度和蔼可亲，是个典型的好人。如果有一天你偶然远远看见，这样一个人居然随地吐泡泡糖，你会作何感想？另一方面，如果看到随地吐泡泡糖的是一个平时就不遵守公共秩序，粗暴随意的 B 先生，你心里又会怎么想呢？无论 A 先生还是 B 先生，做的事情都是一样的。但是，肯定很多人对于 A 先生会有更加强烈的“被欺骗感”，并对他的行为感觉更加愤怒。

也就是说，**人们在对某人生气时，很多时候对方的所作所为本身并不是最大的问题。那个人平时呈现在周围众人眼中的性格形象是假的，这才是人们感到异常愤怒的重点所在。**

通过对这些事实的分析，我们就可以发现，在交流的过程中“不要刻意扮演好人”显得非常重要。因此，无论在商务场合还是私人场合，我们还是不要去扮演一个没有真心实意的假“好人”吧。

但是，如果作为一名商务人士，你总是想要在人前展现更好、更有礼的一面。那么，究竟该怎么做才好呢？**答案只能是在平时“提升自然真实的自己”**。如果不是个诈骗天才，你根本就别想凭着装模作样的演技蒙混过关，妄图只在顾客面前表演一个好人。因此，作为一名普通人，我们不要去“刻意扮演好人”，而是要努力“成为一个好人”。这样一来，我们无论怎么好都能够心安理得，断不可能出现有朝一日人设崩塌那种自掘坟墓的情况。

我们通过观察一下所乔治先生，就足以明白自然真实这件事有多么的神奇。大家都认为所先生是个自然真实的人。的确，在众多明星每天忙着扮演一个与自己的真心本意相去甚远的人物时，所先生却总是让人觉得在用自己的坦率与真诚参加各类演艺活动。并且，所先生在“理想的上司排名”以及“好感度调查”中肯定是位居前列的明星。

然而，出人意料的是，光从举止言行方面来看，他却也是有很多过激言行的。为什么这样的他还能获得如此高的好感度呢？因为“他的发言不掺假，让人觉得很真实”。对于谎言，人们就是如此的敏感。再强调一次，请注意不要撒谎。

这样掌握技巧！ 要想做到接二连三地抛出单词，其实比我们想象中的更难

即使在即兴场合也不要说谎，而要保持自然真实，这是基本中的最基本要求。为此，接下来我们通过一款“单词罗列游戏”来锻炼这方面的能力。参与游戏的人只要在 30 秒内，持续不断地

说出想到的任何单词就可以了。规则倒是简单，但一旦和他人一起玩这个游戏，很多人都会情绪紧张，或者说出一些奇怪的单词，或者词汇中断。因为大家都有一种意识，那就是“我千万不要说奇怪的单词”，正是这种意识在发挥强大的作用。

如果有人连续说出令人听了尴尬窘迫的单词，可以让他转向平时在思考的事情。为什么可以这么做呢？因为在随机选择任意单词的情况下，很多人最终说出来的还是那些自己日常使用的高频词。从这个意义上来说，为了让自己能够早日进入真心无惧示人的状态，请积极地挑战这款游戏吧。

47 用最简单的技巧提升谈话水平

要坚信自己很擅长谈话，从而激发自身潜能

在这本书的读者里，应该也有一些人对与他人交谈怀抱畏难情绪吧。这部分读者，或许会将很想说的话积压在心底，他们尽量不到很多陌生人的地方露面，逃避新的社交接触。

久而久之，他们认定“自己不擅长谈话”，而一旦他们谈话的绝对数量减少，则谈话能力也将变得越来越弱。**因此，从今天开始，就让我们抛开自己不擅谈话的执念吧。不仅如此，请坚信自己很擅长谈话！谈话能力的终极提升，就是从树立这份自信开始的。**

在安慰剂（Placebo）效应下，人们服下被告知是真药的安慰剂后坚信自己服下了真药，结果产生的效果与服下真药相同。自

我认定就是有如此强大的力量。这说明，要利用这份力量提升自己的谈话能力，就是要“坚信自己很擅长谈话”。尽管如此，对于那些实在畏惧谈话的人而言，坚信自己擅长谈话这件事本身就很不现实。因此，接下来我们将逐项说明，如何才能做到“坚信自己擅长谈话”。

不管再怎么认为自己不擅长谈话的人，当他遇到比自己还蹩脚的对手，或者在和孩子们、老年人谈话时，他们自然而然能够驾驭整场谈话。所以要积极寻找与这些人谈话的机会，然后逐步认定“和这些人谈话的自己简直天下第一”。虽然这还谈不上是经营理念上的兰契斯特战略，**但的确是一种首先在最适当的范围内确认压倒性第一优势的做法**。我们要一边持续努力，一边在和别人的谈话中，不断探寻和积累“说不定自己也挺擅长谈话”这样的想法迸发出来的瞬间。这样一来，虽然是硬逼着自己上，但却可以形成一种“自己很擅长谈话”的自我暗示。就让我们通过这种方法，不断提高自己的谈话能力吧。

不知道大家是否知道，很多名人从名不见经传之时开始，就已经相信自己的才能了。举个例子，据说美国著名歌手 Lady Gaga 还不太出名的时候，就一直坚信自己终将成为一位大明星。就像这样，如果我们去了解名人还未出名前的事情，就会发现很多人虽然也没什么明确的支撑，但是却对自身抱有强烈的自信。这种自我认定，终将会在你挖掘自身潜能的历程中大放异彩。自我认定，也就是所谓的安慰剂效应，就是具有如此神奇的巨大力量。因此，请大家务必清楚，“自己不擅长谈话”的自我认定是一件多么危险的事情。

这些方面要注意! 从相信“我谈话水平并不差”做起

如果你的谈话水平已经很高了，当然可以从认定“自己很擅长谈话”做起。但是，如果无论怎么努力都提升无望的话，也请避免掉进负面思维的泥坑里，至少也要认定“自己的谈话水平不比别人差”。

48 克服自卑心理，学会扬长避短

社交无需做太严苛的努力，不必非要克服短板

很多不擅于谈话的人，无不深深地为自己这样或者那样的短板而苦恼，比如“很容易畏畏缩缩”“饶舌音掌握得特别不好”之类的。**但是，人如果一旦只盯着自己的短板，他谈话的即兴应对能力确实也会因此下降**。举个例子，假如一位格斗家一旦开始注重自己的身体状况了，那么我想他就不可能赢得比赛。然而大家都知道，即便他真的身体状态不佳，只要他上场了，就必须浑然忘却这件事情，全身心地投入比赛。谈话也是一样，你的脑袋没有任何空闲来思考自己的短板。如果不打起百分之百的精神应对眼前的谈话，就算你积累了再多的即兴能力训练，也不会有什么效果。

那么，接下来该怎么办呢？现在，你只要转变你的想法，把自己身上的“短板”当做自己的“长处”加以利用就可以了。举个例子，日本前首相安倍晋三的饶舌音就发得很差。但是，安倍是政治家

而非播音员。因此，在工作过程中，即便不能像播音员一样做到字正腔圆也毫不碍事，也不会妨碍他最终出任日本首相。不仅如此，安倍蹩脚的滑舌音有时候还能成为他的某种武器。因为这里有个法则，那就是“有缺点的人让人觉得更亲切”。作为一名政治家，他必须获取尽可能多的掌权者的青睐。因此，如果安倍不能接受自己蹩脚的滑舌音，而是要花费大量的金钱、时间以及精力去克服自己的缺点，结果会怎么样呢？如果那样，恐怕至今他还是一个难以亲近的刻板形象，甚至有可能拉低他当选日本首相的概率。

这些方面要注意！ 没人在意你的自卑！

对谈话没自信这件让很多人都颇为自卑的事情，其实只不过是类似“安倍的饶舌音”那种程度的问题而已。尽管如此，很多人还是对这个小自卑进行了过度深刻的理解，并深受其扰。就像中年商务人士在意自己脸上的老人斑，一心想要用激光将其抹掉一样。与其这样，倒还不如想一想“把脸上的老人斑当成自己的特征，就像前苏联的戈尔巴乔夫总书记一样，把他的痣当成自己的独特标志”。

因此，不要再为自己认为的所谓“短板”而自寻烦恼了，让我们把自然真实的自己当成“自己的性格特点”来接受。在此基础上，如果可能的话，就像在自我介绍中“把自己放到段子里自嘲取乐”一样，将自己的短板也活用到“自嘲段子”中去。

49 打造一颗坚强抗打的心

不惧怕别人的严厉措辞，也敢于臭骂谁一顿

或许很多人都觉得，自己身边基本上没有那种会厉声指责别人的人。不过，那种认为骂人的难听话并不被常用，自己也碰不上，所以可以事不关己高高挂起的想法是非常危险的。

为什么这么说呢？**因为，我们没办法百分之百控制自己究竟会和谁接触**。比如，根据职业划分，有的职场里至今还有一些语言强势、声音很大的人存在。在你的顾客之中，以及由于工作机缘在居委会等地方遇到的人当中，也可能有个别对你口出狂言的麻烦角色吧。这种时候，如果对那些难听话完全没有抵抗力，那可就够呛了。

实际上，那些平常不使用严厉措辞的人，往往在自己的内心树立了一道极强的道德规则："严厉的措辞容易严重地伤害他人，所以绝对不能使用。"

正因如此，当有人对自己措辞严厉时，他同样会强烈地参照这种规则来看待事情。**结果，一旦被恶语相向，他就会认为有人触及了这种决不被允许触及的言辞规则，进而对他的内心带来严重的冲击**。与此相反，那些平时自己也使用严厉措辞的人，对别人严厉的指责就能够坦然接受。为什么会这样呢？因为，他们自己正儿八经的严厉措辞，有时候却被对方轻描淡写地应付过去了，所以他们本身有切身体会，觉得说出去的话还得看对方是怎么接的。

针对那些对难听话没有承受能力，或许还会受点小伤害的伙伴们，这里为大家介绍一种方法。那就是，**把自己心里的指导手册切换成“我不对别人恶语相向。因为，口吐恶语的人有病”**。

这么一转换，下次再被人恶语相向时，也能像这样自我开释道“有病的人在说难听的话了”，这样一来自然也能冷静应对了。而且越是这种时候，越要记住不能认为“自己也可以对任何人恶语相向”。如果不这样约束自己，虽然能承受别人对自己说的难听话，但是在别人看来，你自己也会变成一个不知不觉口吐恶言的人。

这样掌握技巧！▶假假演一场也好，体验一把人际纷争

接下来，向大家介绍一款“纷争游戏”，帮助大家切换内心的指导指南。玩法很简单，就是两个扮演虚构角色的人，因为虚构的问题发生争执。比如，可以扮演一位醉酒的大叔，因为成绩教训执拗的儿子。

在我为了专门提升人们的反应力和即兴力而开办的研讨班上，曾经做过这个游戏，参与者中有位心地非常纯洁的女士。事后这位女士向我坦言，即使明知是虚构的，但是游戏中向他人口吐恶言以及被别人泼脏水都让她内心不快，以致后来连继续参加研讨班也变得异常困难。然而，正是这类人士，更有必要进行这种练习。因此，最终我说服她继续参加了我的研讨班。结果，据她自己说，这个游戏玩了一段时间后，自己好像真的不会在意那些没必要的

顾虑了，比如“那个人的发言，是不是在针对我发火啊”之类的。就像这样，坚持做这种令人心情不快的游戏是很有意义的，所以请毫无畏惧地大胆挑战吧。

50 在谈话中不失时机地推销自己

在谈话中懂得自我营销，但不要自吹自擂

在即兴谈话的时候要做自然真实的自己，这一点我们在前面介绍“不要刻意扮演好人”技巧的时候，已经向大家强调过了。但是，在接受面试的时候，谁都希望抬高一下自己。比如，按照惯例参加医学实习的时候，我们嘴上也会说出“非常想在贵社工作”这样的话来。为什么敢这么做呢？**因为，自己内心的真正动机到底是什么，谁也没办法去验证，所以绝对不会穿帮**。反之，如果不这么做，会被认为你这个人没干劲，所以就算是为了彼此客套，也多少需要稍微抬高一下吧。**因此，在面试等这些场合，应该适当灵活使用不会穿帮的抬高手段，极力地向对方推销自己。**

但是，有时候在这些场合好不容易把话说圆满了，可是却完全没有效果。

原因就在于，如果是面试的场合，大家都是用同样的方法在抬高自己。

或者，作为营销人员，谁都或多或少会抬高自己公司的产品。这样一来，就算下了再大的功夫吹得天花乱坠，听到对方的耳朵里，

也不过是又一通相似的场面话罢了。

举个例子，假设有位居酒屋（日本料理店）拉客的人在路边拦住你说：“您不用惊奇也不用意外，在我们店，客人喜欢的酒水可以定额喝个够，不管喝几杯都 OK 啊。”你会怎么反应？想必你会冷冷地回一句：“诶？总之不就是自助吗？”

话虽如此，但是如果你只是简单地不夸大，什么事情都直通通地说，那也不妥。举个例子，假设在应聘面试的时候被问到，为什么同一份兼职干了那么多年，如果你回答“那份兼职工作繁重但是时薪却非常低，我其实真的不喜欢。但是，因为我单恋的那个人也在里面，所以尽管几次想辞职，还是坚持了这么多年”，结果会如何？恐怕，你会一无所获吧。

因此，在像面试这种“就算抬高自己也没用的场合”，就需要转换思维方式。怎么转换？不是“把大家都会说的内容吹得天花乱坠”，而是要想办法“把那些别人想不到的话，稍微做些烘托之后说出来”。

当然了，假设是像“代表日本参加奥林匹克数学竞赛”这种应当大书特书的硬核话题，别人根本就没机会沾上边，自然也不需要任何烘托了。

人是敏感的动物，所以如果说话的人说的是真事真话，就一定会在听者的脑海里留下深刻的印象。

在 20 岁前半段从未涉足媒体行业的我，通过一家广播制作公司，成为 NHK（日本放送协会）海外英语新闻节目的主持人，那家制作公司旗下拥有许多外语能力极强的职员。虽然在这里拿出自己的经历做例子有点惶恐，但我还是决定披露得到这一段工作经历的机缘。

和我同年代的人，在求职经历中恐怕都曾极力展现自己在“学历”“实习研修”以及“英语”等方面的能力吧。但是，我的学历没什么可夸耀的，海外留学取得的也不是MBA文凭。如果这样的我也胆敢妄图通过吹嘘自己的“学历”来获取NHK（日本放送协会）的就职机会，那恐怕会得到与约翰·K先生同样的下场吧，而他正是因为学历造假而被节目组除名的。

于是，我在面试的时候，准备了一份主题为“从流浪者的生活情况来观察区域的景气状况”的新闻特辑企划。虽然是前一天即兴写出来的企划书，但是我找到了和别人不一样的着眼点。

那一次，我以“通过比较各个区域的流浪汉情况，的确可以看出该区域的福祉和景气状况”为主题，在面试场上侃侃而谈。因为有了这么一层经历，所以尽管完全没有其他主播那些闪闪发光的学历或战绩，我却从最开始就在NHK（日本放送协会）的节目组中非常活跃，不断拿出自己的企划方案。

这样掌握技巧！▶就算勉为其难也没关系，试着说出自己个人的观点

在掌握了这项技巧之后，最重要的就是要始终拥有与他人不同的观点，然后尝试各种各样的体验。个人的体验是在各自积极参与挑战的基础上获得的。我们正好也有一套帮助个人提炼观点的办法，所以这里一并介绍。

我们要介绍的就是这款“不同观点的游戏”。游戏的方法就是，利用好一整天和家人或者朋友共同行动的机会，一天结束后，各自选择一个题目，比如“有趣的事情”“讨厌的事情”，互相发表感想。

这时，务必要提出自己个人的观点，挑选那些周围的人绝对不会提及的话题。最初你可能会觉得为难，但是就算招致哄堂大笑也没关系，所以请寻找那些别人不可能说到的点。通过坚持做这件事，以后你的头脑里肯定就能即兴浮现出他人想不到的话题。

短评 “不自觉”的笑是危险的

在电视节目中，经常看到一些针对街头步行者进行的采访，里面会问道：“您今年多大岁数了？”这时候，对方刚回答完“82 岁”马上就会紧跟着一串“啊哈哈哈哈哈”的笑声。这种情况并不鲜见，而且在女性中特别多。

这阵笑声里，究竟包含着什么意思呢？或许那是一份“因为公开了自己 82 岁年龄觉得不好意思”而略带羞涩的笑吧。

那是一种连本人也不知道缘由的不自觉的笑。但是，有一些人却不喜欢这种“没来由的笑”或者说“不自觉的笑”。

有时候，有人甚至会很不高兴，觉得“你干吗在那一个劲地傻笑”。因此，虽然我们没必要在谈话中刻意减少笑的次数，但是我们不要不自觉地傻笑，而要有意识地笑。这样，就可以避免一些不必要的麻烦。

第4章

让你不知不觉收获信赖的

出色谈话技巧

再严厉的谈话也能即兴怼回去

51 就算面对修罗场，一样能波澜不惊淡定聊

面对灵魂拷问要当机立断，快速解除危机

“工作和我，你到底选哪个？”在人生道路上，恐怕很多男生常常都会遇到这样的终极选择题吧。每次遭遇这样的灵魂拷问，想必很多人都会惊出一身冷汗。

在这种情况下，许多人很容易立马做出这样的选择：“给我点时间想一下再回答你。”

但是，最要不得的就是这种“给我点时间”的处理方式。

首先，让我们先回过头来分析一下，提出“工作和我，你到底选哪个”这个问题的人的心理状态。这个人期待的答案到底是什么？实际上极有可能既不是“工作”，也不是“我”。因此，如果给你点时间考虑之后，回答的是“工作”，那你很有可能就要把她给弄哭了：“太过分了。果然，是这个答案……”

另一方面，如果考虑之后的答案是“你啊”，则虽然在现场可以暂时过关，但是几天后，对方或许会回过头怒气冲冲地质问你：“那天，你只是用好听的话来敷衍我的对不对。”

那么，这种逼对方做出终极选择的人，到底是出于什么目的呢？其实，这是对另一半表示巨大不满的一种强烈控诉。这种绕了个大弯的控诉，通过抛出一道无解的质问命题而得以表现出来。

如果不管这一切，选择了考虑一下再回答“工作”或者“你啊”，结果会如何呢？首先，对方会觉得虽然你花费了时间（进行了深入的思考），但是却仍然没有发现事情的关键在于你们之间的关系出现了问题。或者，会给对方造成一种印象，即你明明经过认真考虑发现了选项中两者都非常重要，是一道不可能回答的终极选择题，但是仍然在深思熟虑后只根据自己的取舍得出了一个结论。

结果，难免挨对方一阵痛骂：“根本不了解我的想法，就是个自以为是的傻瓜。”

在遭遇这种在终极选项面前不得不即兴回应的情况时，如果要将损害降低到最小，或许只能依赖你的“即兴能力”了。具体而言，就是不要有丝毫的犹豫，不管回答的是什么，一定要第一时间给出明确的答案。这种方法很有效。

就像刚才分析的，对方期待的并不是你做出了什么样的回答。因此，在即兴应答的时候，“工作”也好，“你”也好，选择哪个都没关系。

比如，如果你的答案是“工作”，可以这样解释：**“是工作啊。因为，我觉得我要是突然丢了工作成了一个啃老族，你估计会不**

要我了吧。最近我确实光忙着工作了，这点我向你道歉。但是，我是考虑如果不认真工作，会影响到我们两人关系的经济基础啊”。就按照这种感觉先回答工作，然后再说一些“两者都很重要”之类的话糊弄过去就可以了。

如果即兴反应的回答是“你呀”，则可以说：**“你更重要啊。至于工作，还不都是为了你才那么努力干的嘛。因为将来等我们结婚了，如果我工作不好好干，也会拖累你的不是。”**然后以“你”为中心推进话题，最后放一些“两者都很重要”的烟雾弹收尾结束就可以了。

话说，明石家秋刀鱼曾经在节目中，因为过激和毒舌的话语，而把包括福原爱、山濑真美在内的众多同台演出的女明星给弄哭了。但是，明石家秋刀鱼在明星好感度排名中却常常是位居前列的。

就是这样一位把好几位同台女明星弄哭的明石家秋刀鱼，仍然能够保持较高好感度的原因，就在于他与众不同的即兴能力。明石家秋刀鱼在向对方口吐毒舌的时候，语速非常快。但是，他的后续跟进也同样很快，他会及时解释说毒舌是为了逗笑（节目）需要，**然后把毒舌的核心内容部分糊弄掩盖过去。**

这种打马虎眼的说话方式，很好地规避了谈话内容的本质，所以能够成功地解除危机。

所以，明石家秋刀鱼嘴里吐出来的恶毒话，并不是那种心机很深的讨厌的恶毒，而是虽然稍显残酷但是却让人感觉只不过是“在轻松的节奏中说出的一句话”罢了。**最近虽然很少见到了，但是如果有机会再看到明石家秋刀鱼在电视上把谁给弄哭了，请**

一定要认真仔细地观察一番。他肯定会在电光火石之间一带而过，然后把它当成一件为了搞笑不得不做的事情。

这样掌握技巧! “两者都很重要啊”+ 含糊其辞的铁律

下面介绍一款“终极选择游戏”，锻炼你在被迫做出终极选择时含糊其辞转移目标的能力。游戏方法是，其中一个人向另一个人问一个虚构的终极选择问题。比如，“孩子的考试和父母的看顾，哪个更重要”，话题越沉重，训练的效果越好。然后，被问的人根据刚才介绍的方法，随便选择一方进行回答。在此基础上，说服对方两个都很重要。只要按照这个方法锻炼自己的即兴谈话能力，就一定能够成为一个不畏谈话修罗场的强人。

52 用沉默吸引周围的注意

通过一言不发来无声聚焦，此时无声胜有声

请大家回忆一下自己学生时代的校园生活。你肯定不止一次看见自己的老师提醒班上全体学生说：“都给我安静点！”如果学生对此还是充耳不闻，老师一般会先沉默一小会，然后用略带阴沉的表情说道：“等你们安静了老师再说。”这时，在学生之间会产生一种“情况不妙”的氛围，班干部会带头叫大家“安静安静”，于是教室又恢复宁静。

老师为什么选择沉默下来呢？因为比起直接提醒学生“给我安静点”来，沉默反而更能让学生把注意力集中到自己身上来。

就像这样，**只要用得好，沉默也可以当作武器来使用**。

这里还有个问题，为什么老师一沉默，学生就会安静下来呢？

原因就在于学生们非常在意老师突然沉默的理由，并感觉到空气中的异样。然后，学生会一边观察空气异样的原因，一边强烈意识到老师的意图：“老师就是因为我们不安静所以才生气的。”

那些心情不好、一整天都板着个脸不理人的人，实际上也在通过另一种形式使用这个方法。大家肯定都见识过，那些围在生气不讲话的女人周围惶惶不可终日的男人吧。

有的女人就能非常娴熟地使用沉默这件武器，让对方围着自己团团转。不过，沉默不但会给对方而且也会给自己带来慌乱紧张。然而，只要能克服给自己一方带来的慌乱，你就能将其变为一件武器，甚至可以借此操控他人。

这是一项很久以前就非常有名的技巧，这种以沉默为武器唤起周围的人对自身注意的交流方法有一个专门的术语，叫做无声聚焦。如此简便的方法，商务人士绝对没有不用的道理。

举个例子，有时候我们在会议上会被征求意见，但是却一时无法马上整理出自己的意见。这时，我们可以先说一句“我觉得呢”，接下来停顿沉默一下。

然后，缓一步节奏，在沉默的这几秒内整理好自己的思路。

如此一来会出现什么结果呢？假设哪怕你只说了一句老生常

谈的意见：“我觉得这个方案没什么问题。”周围的人也会非常聚精会神地听进去。因此，比起马上回答“这样没问题”来，前面的处理方式更能够给人一种深思熟虑的印象，别人甚至更有可能当成一条深刻的意见来听取。

这样掌握技巧！模仿“你猜你猜＄百万富翁”节目中郑重其事的主持人

使用这种方法的代表性人物就是主持人明石家秋刀鱼。明石家秋刀鱼曾在一档人气节目“你猜你猜＄百万富翁”中，经常使用沉默的招数。节目中，参加人员要回答四选一的智力测试竞赛题目。然后，明石家秋刀鱼每次在公布正确答案之前，都要郑重其事地先沉默数十秒钟。这样一来，参与竞答的人不用说了，就连电视机前的观众也把所有注意力都集中到了明石家秋刀鱼的身上，大家都非常好奇“正确答案到底是什么”。

我们建议大家以明石家秋刀鱼的做法为参考，试着和周围的人一起进行一项智力测试竞赛游戏。然后，在公布正确答案时，像明石家秋刀鱼一样，尝试一下驾驭无声聚焦方法的感觉。通过这种训练，一定可以让你切身感受到那种周围人对你投来高于平常的关注度。

效果

只消一句话，就能轻松化解严肃的氛围

53 在谈话中轻松应对他人夸奖，避免遭人嫉妒

用“谢谢”谦逊应对他人夸奖，但不必过谦

人天生就“希望得到夸奖”。尽管如此，许多日本人一旦受到夸奖，就会非常焦虑，觉得“不谦虚可不行”，使得后续谈话变得异常生硬。

举个例子，假设公司有一位A先生，平常总是牢骚满腹，觉得自己的工作没有得到公司的正当肯定。有一天，部长叫这位A先生过去，对他说“最近干得不错”。

A先生虽然难掩脸上的兴奋，但嘴里还是谦虚地说：“哪里哪里，没有的事。”没想到部长接话说：“是吗？原本还觉得你干得不错，打算把××案子的团队交给A君来带的，你真的能胜任吗？”A先生听了继续他的谦虚：“我吗……？嗯，我可以吗？”说出来的话完全言不由衷。

结果，部长最后定调说："这样啊。看来，我还是稍微有点操之过急了。好吧，那团队领导由B君来做，你先当他的副手吧。"

看完这个案例，我们再来说明在完全没有心理准备下被表扬或者在人前被表扬时，瞬间做出应对的方法。肯定有人觉得，自己在这方面的应对"完全没问题"吧。但实际情况是，虽然每个人在程度上会有所区别，然而特别对于那些容易紧张或者比较消极畏缩的人而言，不当的应对很容易导致一场类似案例中在重大事项方面的失败谈话。作为改善对策，**这类容易谦虚过度的人要养成一个习惯，那就是"当别人在肯定自己时，马上先回答'谢谢您'"**。

长期以来习惯谦逊的人，只要稍微得到周围人的热情表扬，就会下意识地想要否定，觉得自己"名不副实"。但是，无论如何，首先请笑着回答对方"谢谢您"。**请这样去理解自己此时说的那声"谢谢您"：它并非针对表扬的内容，而是针对"你表扬我了"这件事本身进行一个礼节性的回应。**这样处理，我们就不会觉得自己是在认可名不副实的赞美了。而且，如果没有最初的这句"谢谢您"，现场的氛围会变得比较尴尬，仿佛夸人的那一方说了一件完全误判的事情。如果实在需要谦虚一番的话，不如在说了"谢谢"之后再谦虚也不迟。

再加上，如果说了这句"谢谢您"，还可以大幅降低因过度谦虚引发周围人反感的可能性。举个例子，假设有一位明显非常受欢迎的美女，周围其他不那么漂亮的女性一致恭维她说："好可爱啊！"此时，在谁都看得出来美丑立判的情况下，美女还在那谦虚说："没有啦。大家都一样啊。我们都要努力化妆变好看呀。"结果会如何呢?

那些不那么漂亮的女性或许会不舒服，觉得"你说'大家都一样'？是在耍我们吗"。

但是，如果美女在被夸奖的瞬间马上说"谢谢"，然后再接一句"不过，我只是化了妆骗人的，素颜可完全不是这样的"。结果又会如何呢？不但给人留下的印象会完全改观，而且还能大幅降低遭周围人嫌弃的可能性。

艺人们也经常使用这种技巧。艺人一般要不长得好看，要不富裕多金。因此，他们经常都会接受来自普通大众的夸赞。每当这种时候，艺人们就算要自谦，首先也会先道一声"谢谢"！

大家应该都觉得，好莱坞明星肯定是不知道谦虚二字怎么写的吧。然而，实际情况并非如此。他们在得到粉丝的赞扬时，首先会马上回一句"谢谢"然后再开始说谦虚的话，这可以说是固定套路。

这样掌握技巧！牢牢记住"谢谢您"，轻松说话不讨嫌

接下来让我们通过"相互夸赞游戏"进行一项训练。首先几个人开始互相夸赞。大家可以扮演一些虚构的角色，夸赞一些没有由头的事情，总之任何形式都OK。此时，被夸赞的人不能谦让，而是要在第一时间回答"谢谢您"。

如果能够通过游戏让自己对这种应答形成一种条件反射，则周

围的人对你的观感就会改变，很多机会就不会白白溜走了。当然了，除此之外你还能变得更擅于拿捏好“不让人反感的谦逊”分寸。

54 釜底抽薪，转移到下一个话题
善于快速切换话题，打破沉重氛围

人的性格总是千人千面、各有春秋。因此在人生中，难免遇到“性格急躁型”和“过于察言观色的担忧型”两种人一起去店里吃饭的情况。

这种时候，要是再遇到了态度恶劣的店员，那可是最为悲惨的事情了。急性子的人，肯定会反应过度，不停抱怨“什么态度啊，那个服务员”。这时，过于察言观色的人会不适应性子急的人营造出来的沉重氛围，开始变得坐立不安。

接下来，担忧型的人会注意力分散，有可能出现把装有饮料的玻璃杯碰倒等等情况。

为此，他不得不召唤态度恶劣的店员，但是店员却总也叫不来。一来二去，性子急的人脸色越来越难看。另一方面，弄倒饮料的担忧型伙伴会开始自责，觉得这一切都是自己造成的，然后开始过度地向周围的人道歉。

这样一来，性子急的人更来劲了，会说：“不关你的事。都是因为那个店员。我一定会好好地投诉他！”然后把空气弄得更加紧张。

这种时候我们到底该怎么办呢？一般人在刚开始的时候都会试着“安慰那个发火的人”，但是大多以失败告终。

举个例子，假设刚才那种场合有人出来安慰说：“哎呀哎呀，这不是店里人手不足，店员也忙着嘛？反正湿得也不多，先将就一下喝着吧。”但是，如果对方真是那种这么轻易就能被说服消气的人，那他打一开始就不可能发火了。对方反而会开始冷静地分析：“不对，这里一共有 8 个店员，店里的客人一半都还没到，那店员在那傻站着呢。”

事情发展到现在，谁也不知道接下来该说什么，令人不快的氛围开始弥漫开来。

那么，到底该怎么办呢？要改变这种无能为力的沉重氛围，只有使用“釜底抽薪翻转谈话”的手段了。

例子中谈话的基础就是“被打翻的饮料”。话题就是从那时候开始固定的，所有人都被它束缚着围着它转。

我们来具体分析一下。发飙的人因为“饮料洒了，叫了店员却没过来”，所以开口抱怨。把饮料弄洒的人则因为“饮料洒了，都是自己不好”而开始解释。然后准备充当和事佬的人则会劝大家“只是饮料洒出来的小事罢了，还是算了吧”。

所以，如果想要改变这种氛围，可以试着用完全不一样的情绪，抛出另一个和“洒出来的饮料”毫无关系的话题。比如，如果在发飙的人一边看腕表一边抱怨“怎么没有店员过来”的瞬间，高声来一句：“啊，这不是欧米伽嘛！好高级！”结果会如何？话题被打断的人由于出乎意料，所以怒气得以稍微缓解，很可能会转而回答“嗯，这是我最近刚买的”。然后，比如我们可以继续围绕着名表的话题，改变主题的方向，从而改变现场氛围。

最擅长使用这种“釜底抽薪翻转谈话”方法的，是塔摩利先生。有一次，有年轻艺人在塔摩利先生面前自顾自地聊个不停，如果就着那个话题，塔摩利先生只有老老实实在一旁当听众的份了。但是，塔摩利先生总能在临界点上出手，他一边抓着年轻艺人的衣服一边问“话说，这是什么牌子，你的衣服”，从而直接釜底抽薪打破原有话题。类似这种由于现场人员的原因而冷场的话题，在塔摩利先生面前则会被釜底抽薪，顺利转向其他话题。因此，虽然塔摩利先生的节目是现场直播，但是观众却很少感觉到那种冷场瞬间带来的沉重氛围，整个节目进行得非常稳定。

这样掌握技巧！ ▶ 来个釜底抽薪

让我们来做一个“改变氛围的游戏”吧。请其中一人带着负面情绪说话，或发怒、或悲伤。然后另一人试着说一句话，釜底抽薪打破这种负面话题。如果能让对方“扑哧”笑出声来那就是最高境界了，但是只要能顺畅地转变话题就足够了。也不一定拘泥于游戏的方式，同伴一起喝酒的时候，如果对方有发牢骚，也可以试着悄悄翻转话题，看看效果如何。

下面向大家说明一下这种“釜底抽薪翻转谈话”技巧的注意点。最重要的就是不要用错了场合。举个例子，假设因为你出轨，亲戚们正在你一言我一语地讨论该不该离婚的事情。说着说着，你的夫人忍不住哭了起来，氛围变得越发沉重而令人窒息。这时候，如果你为了改变氛围而指着妻子握着帕子的手臂说“咦，你忘记除毛了么”结果会如何呢？显然你在这场对话中将会更加被动。

即便氛围已经沉重到需要改变话题的程度，但是如果你自己有明显的是非过错，那就要注意，决不能去破坏话题的基础。

55 春风化雨，令对方怒气全消

细致分析生气缘由，温和化解

和生气的人接触真的是一件很麻烦的事。人的怒火一旦被点燃，是很难熄灭的。所以，这次我们为大家介绍一种消解怒气的技巧。

那是一件发生在某商社的事情。总务部的人总是没完没了地提醒营业部的A先生说:“你的电话费太高了！你都花到哪去了？”

刚开始A先生还笑着问道：“真的吗？有那么高吗？”但是，后来因为总务部的人态度太差，A先生也开始急了，直接暴怒回怼道：“你们从来不跑外勤，专门干些给我们赚钱的营业部拖后腿的事情。要是把你们总务部那么高的工资减一点，恐怕再多话费都有了。”事情如果闹到这步田地，那就不可收拾了。如果没有人出来调解，只怕口水仗是要一直打下去的。

我们一起来细化一下两个人的怒气。表面上看，总务部的人和A先生是因为电话费起了争执。但是，这件事情只不过是引发怒气的导火索，问题的本质并不在于电话费。总务部的人气的是A先生对经费毫不在意的那种态度。另一方面，A先生气的则是总务部完全不理解销售人员处境的那副架子。终于有一天，这些日复一日积累的怒气，通过电话费这个话题激烈地爆发了出来。也就是说，这场争执的核心部分，是关于坚信“每一个公司员工都要有成本意识”的总务部人员和认为“就算花费了成本，但我们的工作是创造收益”的A先生之间的信条之争。

就像这样，很多纷争实际上都是人们认为“事情应该是这样”的核心信仰之间的碰撞。因此，回避纷争的第一步，就是首先要清醒地认识到，每个人所坚守的核心信仰，就像宗教教义一样在非常强有力地左右着人的内心。

要说服基督教神父相信“上帝不存在”，或者说服科学家相信“进化论是谎言，世界万物皆为神造”，都是不可能的。同样的，在面对发怒的人时，首先要搞清楚对方的核心信仰，也就是说要弄明白对方是哪一类“信徒”。

就拿刚才的例子来说，我们已经知道了总务部的人坚持的核心信仰就是“作为职员，无论谁都必须要有成本意识”。在明白这一点之后，我们不必在口头上说出来，让我们在心里默念：“原来如此！原来你是成本压缩教的忠实信徒呀！”

这样一来，你自然明白“争也没用”，也就失去了和对方争执的兴趣。

实际上，很多人都有使用这项技巧的经验。比如，应该有人遇到过这种情况吧：久未联络的学生时代的朋友突然来电约你“见个面呗”。

这种套路，大部分都是诱骗你进行奇怪投资的诈骗陷阱。或许一开始你还会力劝对方“这样的事情别干”“你被骗啦”之类的。但是，经过多次类似的劝诱经历之后，在某一个瞬间你终将会明白“这些被反复说服之后的朋友的想法，是不可能在短短 5 分钟的说服之下做出任何改变的”。结果，以后再遇到类似的劝诱时，你也不会出离愤怒了，顶多也就是委婉拒绝罢了。

总之，**人一旦完全明白“那家伙的核心信仰是不可能改变的”这样一个道理后，就会顿悟自己在这件事上其实做任何努力都无能为力**。最终结果就是，你再也不可能怒气冲冲地去干预对方的想法了。

这些方面要注意！ 认清对方，以及自己的“核心信仰”

许多纷争，其实只要能认清对方的核心信仰，就极有可能避免。但是，有一件事情希望大家能明白。那就是弄清楚纷争的原因，“是不是源于将自己的核心信仰强加于人”。尽管要自觉认清这一点非常困难，但是看看自己周边那些觉得纷争缠身的人，估计基本上都是这种强加于人的类型。如果对这一点不引起足够的重视，那么将来你甚至有可能被控诉施加了精神虐待，所以请务必时刻警惕。

56 面对大人物要镇定自若，平常应对
在严厉的上司面前临危不乱，话说到点子上

在有点吓人的氛围中和大人物谈话，的确让人很不舒服。这种时候，肯定有很多人慑于对方的威严压迫，能实实在在地感觉到自己脑袋的反应能力和即兴能力都有所下降。

比如，恐怖的上司毫无征兆地打来电话时。当时，上司开口就怒喝道：“上周会议上议定本该今天前就要通过邮件发给我的企划书，到底是怎么回事？”但我们假设是上司搞错了，那份企划书的截止日期不是今天，而是下周，自己并没有错。尽管如此，面对恐怖的上司突然劈头盖脸的一阵怒喝，你是不是会吓得灵魂出窍呢？因此，你会吓得根本不知道该说什么好，半天也反应不过来，有时候甚至会变得语无伦次吧。

遇到这种情况，你肯定会悔之莫及，精神高度紧张。因为，

自己明明知道应该解释什么，但是却由于在即兴情况下一时语塞，而导致事态恶化。

像这种在即兴场合脑海里一片空白的情况下，只要认真听清楚对方说话的内容，把能想到与谈话有关的任何单词全部都说出来就可以了。在前面的例子中，你要回答的不是什么“诶——”“那个——这个——”之类的话，而是把“截止日期”“企划书”等这些构成话题关键词的单词，一字一句地说出口就可以了。如果能做到这一步，那么至少“关……关于企划书的事，我记得截止日期并不是今天啊”这种程度的话还是能组织起来的，这种情况好歹能够有所改观，最后，在即兴情况下也很有可能能够把想说的事情说清楚。

如果不相信的人，可以回忆一下自己平时那些谈话的情景。举个例子，假设有同事在你面前说“咦，我没有把包放在这里吗”这时，你肯定会发挥出惊人的即兴反应能力接下去说“包？不知道啊”，或者“包吗？我记得之前说再见的时候，就是放这里的”等等。大部分时候，我们都会首先在冒头重复一遍“包”这个话题的中心关键词，然后再引出接下来即兴发挥的长篇大论，对吧？当人们在说一些必须边想边说的事情时，都会像这样首先在冒头无意识地说出作为谈话中心的关键词，以便激活大脑。

另一方面，很多人在与自己所畏惧的人说话时，**都会树立一种强烈的意识，那就是“不要因为自己说的话而自掘坟墓”。为此，他们会在不知不觉中避免一边思考一边即兴谈话**。结果，他们便无法在大脑中启动即兴谈话的开关，也就是说他们不会做出“不管三七二十一，先把话题的中心词语说出来”这样的反应。无论如何，那些虽然心下明白应该说什么，但嘴巴上却无法即兴表达出来的人，可以试着先任意说出一些话题的中心关键词。

顺便说一句，很多谐星也经常使用这个方法。说到松本人志，他是一个能够从别人没有的独特视角说出一些有趣事情的天才。在众多谐星当中，他也是个特别能够通过敏锐的头脑反应能力来搞笑的人。就是这样一位松本先生也曾坦言，自己并不是每次说话之前都能够把所有要讲的事情全部考虑周全。特别在他年轻的时候，据说就是通过大声喊出一些词语，来吸引摄像头多给自己镜头的。据他介绍，之后他逐渐开始相信自己的即兴能力，并开始能够围绕那些词语来打造一场生动有趣的谈话。你看，就连天才的松本人志先生，也需要努力根据自己的理解，在谈话中植入适合自己发挥的语言开关。更何况我们普通人，就更需要通过自己的努力，在自己的脑海中植入谈话的语言开关了。

这样掌握技巧！我们的目标是，像高田纯次先生一样随心所欲

下面我们介绍一款“高田纯次游戏”，锻炼大家说出能够给大脑带来刺激的词语。游戏方法是：找个合适的男子，让他像高田纯次一样先随便说一些事情。首先，我们建立一个两人组（A、B）。然后，A 依次指出自己眼前的东西。比如，可以依次指着“床”或者“桌子”等等。对此，B 随意说一些和这些东西完全无关的词语，比如对方指床则说“天空”，对方指桌子则说“课后作业”。

游戏做下去就会发现，大部分人不用说语塞了，甚至还能说出一些诸如“拉面”“荞麦面”“咖喱”这类具有关联性的词语来。为了避免出现这种情况，B要试着针对对方的指向随意说出五十音图中的发音。这样一来，B就能够说出一些自己也意想不到的词语，比如类似“SU→西瓜”“TA→时机”“NO→效率”[①]这样的感觉。刚开始，或许还会不小心说出一些黄色段子的关键词。但是不用害羞，就把这当成一种可爱的俏皮事就好了，游戏继续，直到我们抓住了在头脑中植入谈话开关的那种感觉为止（如果是一个人单独训练，则不用指出眼前的东西，请试着练习随机说出毫无关联的词语）。

57 一扫沉重的阴霾，保持良好的气氛

用明快的倒霉事转换话题，消除对方内心阴霾

本章作为“利用段子自嘲逗乐”之术的应用篇，向大家介绍“用明快的倒霉事转变话题”的技巧。

我们在和某人谈话的时候，肯定遇到过好想改变一下气氛的情况。举个例子，假设你有个在一家三姐妹中排行老幺并且非常想结婚的朋友，开始苦着脸对你说：“姐姐们都已经结婚生孩子了，

① 日语中，SU、TA、NO分别是西瓜（すいかSUIKA）、时机（タイミングTAIMINGU）、效率（能率NOURITSU）发音的首字母。

就我……”假设听到这话的你也已经结婚生子了。这情况挺让人发窘的吧。然后，一心想要改变一下气氛的你要是一本正经地劝说“结婚并非人生的全部呀”，结果会如何呢？在那种场合下可能对方听了会很刺耳，甚至还有可能反过来觉得“已婚者就不要坐着说话不腰疼了”。

这种时候能派上用场的，肯定就是“用明快的倒霉事转变话题”的技巧了。具体做法就是，只要轻松明快地讲出一件比对方遇到的倒霉事更倒霉的事情就可以了。通过这种方式，至少可以把沉重的气氛从现场驱散出去。

让我们试着想一想，面对刚才例子中那位觉得“结婚就是人生全部”的女性，我们可以举出什么轻松明快的倒霉事呢？比如，要是这么说结果会如何呢：“结婚可不是人生的全部哦。现在因为带孩子还有婆媳关系让我压力山大，对结婚我都后悔死了，搞得我都已经患上斑秃了。我现在吓得连门都不敢出，生怕被人看到自己的秃头。哎，幸福到底是什么啊？”只要对方不是烦恼过度到已经患上精神疾病的人，多少也会露出一些笑容，回答道“说的也是呢”，然后成功岔开话题。

这些方面要注意！ 要是能轻松明快地把自卑拿来逗笑，那就成功了

谐星也经常使用这个方法。我觉得其中运用得最成功的就是

黑色美乃滋[1]组合了。负责装傻充愣的吉田敬自嘲皮肤坑坑洼洼多疙瘩，小杉龙一则自嘲自己的头发稀疏难茂盛，两人互相掰扯、自降身份。比如，要是有人谈到不遭人喜欢的人就算再努力也没用的话题，吉田先生就会接上去说“你看我们虽然皮肤坑坑洼洼，照样还在怀揣希望努力向上，你可不要打碎我们的梦想啊”，然后轻松明快地转变现场气氛。

或者，要是有人谈到“对自己的新发型不满意”的话题，负责吐槽的小杉先生就会用一句“对于秃顶的我来说，你那就是幸福的烦恼”的逗哏来转变现场气氛。

就像这样，如果可能的话，**下定决心把自己身上那些别人也一目了然的自卑点抛出来，轻松明快地当成笑料来讲，以此转换话题就最好了**。如果想掌握这项技巧，请参阅本书第 06 小节“利用段子自嘲逗乐的技巧，利用其中介绍的“自嘲段子作家游戏”进行训练。

58 不管面对任何沉默，也能毫不畏惧

面对冷场不必紧张，内心淡定言语从容

不善社交的人，往往一眼便可看出是“沉默恐惧症”患者。这类人在和别人说话时，对无人说话的冷场状态抱有强烈的恐惧

① 黑色美乃滋，由吉田敬和小杉龙一组成的日本搞笑组合。

感。特别是在很多人面前讲话，或者在和紧张的对象谈话时，这种倾向或许还会更加严重。

举个例子，你是不是也曾有过这样的经历：在很多人面前讲话时，谈话的“间隙”会让人感觉到一种沉默的氛围，为了填补这些间隙，你只得像机关枪一样拼命说个不停。**这样一来，越是拼命说话，越是在意说话之间那些细微的间隙，结果说话节奏变得越来越快。到最后，节奏快到连自己的舌头以及脑袋的反应能力都已经跟不上了，到头来自己都不知道自己在说些什么。**如果事情发展到这步田地，说话者自己已经变得前言不搭后语，现场氛围也变得惨不忍睹，最后等待大家的只能是悲剧了。

话说回来，为什么会有人恐惧沉默呢？那是因为，虽然前面我们已经接触过“认清自身谈话目的”的技巧了，但是对如何设定谈话目的却仍然还是一知半解。

对沉默异常恐惧的人，通常认为自己的谈话目的只有“说”和“听”两件事情。然而，实际上谈话还有其他各种任务，包括“等待对方说话”“看情况”以及“寻找时机”等等。当然了，如果事前就能想定谈话的任务或许就不会恐惧了，然而在即兴谈话时，要做到这一点非常困难。**因此，一旦现场陷入沉默令你感到恐慌时，无论如何请先试着摆出一副从容淡定的表情。因为这能促进你的内心从容，进而冷静地看清自己应当做的事情。**

这么处理的理由在于，随着表情的变化，人的心里状态也会跟着变化。前面我们也曾提到过，看视频的时候，如果用木筷横着撑开嘴角强行作出一个笑脸，则即便视频内容相同，也比用普通表情观看的时候要觉得更有趣。日本人常常被外国人批评脸上的表情僵硬，就像一张张扑克脸。与之相对，欧美人则非常注重脸上的表情。因此，开心的时候，他们就表情丰富地写在脸上。反之，当欧美人在紧张或者生气之时，为了能够圆满地救场，很多时候他们都是努力在脸上露出笑容。结果，相比日本人，欧美人虽然也会发生许多感情上的碰撞，但是很少有人会因为过于紧张而不敢在人前说话。

这样掌握技巧！ 找回消失的表情，重新获得力量

让我们做一个“表情肌肉游戏”。那些每天都面无表情的人，其实对自己表情的控制能力也在降低。因此，即便利用去洗手间的空当也没关系，请在镜子面前练习喜怒哀乐这几种不同的表情。要点在于要有意识地使用脸上的表情肌肉，做出那种你都不好意思让人看见的夸张表情。这是一种对表情肌肉的操控，只要通过这种激烈调动肌肉的训练方式，将其中的感觉刻进你的身体之中，那么就算遇到令你紧张到表情僵硬的时刻，你也可以较为容易地控制自己的表情。

初次见面就能瞬间获得对方的信任

59 即兴说出令对方印象深刻的夸赞之辞

夸人要夸到点子上，夸赞之词要别出心裁

不管是谁，都喜欢别人夸赞自己“真漂亮啊”“好聪明啊”等等。不过，到底能有多“高兴”，却是因人而异的。举个例子，一位20来岁的寻常女孩子如果在兼职的餐厅被客人夸“你真可爱啊”，她肯定会心花怒放。但是，如果是一位20岁知名的美女演员走进餐厅，店员对她说“好漂亮啊”，效果会如何呢？或许她心里会觉得高兴，但也可能会心下寻思“我只想安静地坐下来好好吃顿饭”。

那么，对于美女演员来说，能让她印象深刻的夸赞之辞到底是什么呢？在此我们建议大家，避免夸赞那些别人也会说的事情，而是要拣那些只有自己才说得出的事情来夸赞。**比如，如果是美女演员，肯定不缺外表能看得见的夸赞。因此，我们不妨从她的**

能力以及内涵方面入手夸赞，比如“您的博客好有意思啊！里面透露出了 A 女士的美丽人品”之类的。这样一来，即便是从不缺少夸赞的美女演员，也会觉得“今天的夸赞好特别”，从而很有可能在脑海里留下印象，或者在心里乐开了花。

这样掌握技巧！ 试着每天说一件赞美的事情

奉承之言或者赞美之词，在英语中称为“Compliment”。这里我们要为大家介绍一款欧美也非常流行的“Compliment Game（夸赞的游戏）”。在参加欧美的社交研讨班时，有时候学员会被要求每天都要对某个人至少说一句以上的赞美之词。这个游戏是它的翻版，你必须试着每天都向某个人至少说一件以上赞美的事情。**此时必须注意的要点是，要“找到独特的夸赞点”**。

通过这项训练，还可以有其他巨大的收获。那就是，你自己的视角也会变得更加积极向上。如果能做到每天向某个人说一件以上赞美的事情，那么你就会针对你遇见的人，去寻找他身上是否有什么独特的夸赞点。这样一来，你也就没空去注意对方身上那些消极的事情了。就像你无暇顾及热衷于抓虫子玩的孩子脸上是不是涂满了泥巴，他的手脚是不是擦伤了等等。**你越是夸赞别人，在今后的人生道路上就越不会看见周围人那令人讨厌的一面。**

60 能够迅速和对方融洽地聊成一团

主动呼唤对方姓名，彼此关系迅速变亲昵

走在街上可以听到各种各样的声音，汽车声、店员的招呼声以及行人的说话声等等。如果用心侧耳倾听，这些肯定都是噪音，我们平时肯定是没怎么在意的。原因在于，这些和自己无关的声音，已经在无意识中被我们的大脑自动忽略了。但是，无论大脑再怎么忽略周围的声音，只要自己的名字一传入耳际，关于“从哪个方向，谁在叫自己的名字”这些信息就绝对不可能漏掉。

这就是所谓的“鸡尾酒会效应”，指的是就算在嘈杂的鸡尾酒会最高潮，耳朵里也能听见眼前人的谈话声音以及呼唤自己声音的那种状态。也就是说，人有能力在嘈杂的环境下听到自己的名字或者自己感兴趣的事情。

人就是这样，对自己的名字具有非常强大的接收能力。实际上还不止这些。人在无意识中，更倾向于喜欢含有和自己的名字相同文字的品牌，反正就是对自己的名字非常喜欢。这样看来，你有没有发现，如果在谈话中尽可能找机会呼唤对方的名字，是不是更容易和对方拉近关系呢？当然了，同样的道理，人们会对呼唤自己名字的人抱有好感。**它有一个专业术语叫“Name Calling（呼唤名字）”，是一项非常有名的技巧**。

“好意的回报”这个专业术语我们是第二次接触了，也就是说我们倾向于对那些对我们心怀好意的人报以好意。因此，如果你呼唤对方的名字，对方会觉得你对他心怀好意，然后同样对你回报好意。这是一种良性循环，能够共同提高双方之间的好感度。总之，只要从非常简单的“呼唤对方的名字”入手，就能把话聊开。因此，在打招呼的时候，如果能够有机会，请一定要试着加入对方的名字说“某某，你好”。

这样一来，就能极大改变我们和对方形成融洽关系的方式。特别在和初次见面的人说话时，即使你看着桌上的名片照念也没有关系，所以请尽可能呼唤对方的名字。如此一来，不仅可以大大提高双方熟悉的速度，而且你自己也可以通过亲口说出对方名字的发音，尽快记住对方的名字。

这些方面要注意！欧美人的友好源于“呼唤名字”

很多人觉得聊天时欧美人会比日本人显得更友好一些，其中的原因之一是欧美人比日本人更经常相互呼唤姓名。就像英语教科书中讲述的情景对话那样，他们即使在一对一的对谈中，也大多会称呼对方的名字，类似“Hey，Tom”“Hey，Lisa”之类的感觉。实际上，我们不也经常被外国人询问姓名，之后对方就会一直叫我们“××桑”，然后拉近彼此之间的关系吗？这就是友好的来源。

在即兴谈话中，一旦有机会知道对方的姓名，请主动把它说出来。

61 成为受到他人欢迎的人

形成亲善关系第一步，和对方同频共振

不管是谁，肯定都希望得到异性的青睐，希望得到家族、朋友和客户等人的信赖。当然了，要想和他人建立真正的信赖关系，需要注意的事项不胜枚举，包括自己和对方一起共度的时光，自己的言行举止等等。

但是，只要在眼下的社交活动中稍微下点工夫，的确也有办法让彼此之间信赖关系的构建变得更加容易。**这种信赖关系的构建有一个专业术语，叫做亲善关系的形成，其中包含三大基本技巧。**因此，接下来我们依次介绍形成亲善关系的三部曲。

首先，介绍“镜像模拟”技巧，它也是一项提升受欢迎程度的知名技巧。**Mirroring 中的 Mirror 是镜子的意思。这项技巧恰如其名，是通过像镜子一样模仿对方的行为动作，来建立彼此**

之间的信赖关系。为什么模仿对方的行为动作，就可以更容易地和对方建立起信赖关系呢？因为人比较容易向那些与自己行为动作相似的人敞开心扉。举个例子，在第三方看来，那些具有强大凝聚力的同一公司或同一部门的人，他们总是表现出相似的行为模式。也就是说，那些相互之间敞开心扉的伙伴们，因为拥有相似的思考模式，所以他们的行动也非常相似。所以，如果能够下意识地创造出这种“镜像”，当然会更容易和对方建立起信赖关系。

一般认为，在镜像模拟的过程中，应当模拟对方的行为动作，比如在对方喝茶的时候，自己也喝茶；或者，在对方悲伤的时候，也模仿对方的情绪起伏。我觉得，在此基础上加上对“对方姿态”的镜像模仿也很重要。**当对方伸懒腰舒展身体的时候，让我们也下意识一起伸伸懒腰吧。而且，这么做也是因为当对方开始稍微放松自己的时候，我们自己的脊背也正好绷得有点难受了。这样一来，两人之间那种原本试探着“现在这一刻，和对方之间的对话是不是该有所顾虑”的气氛也能够随即烟消云散，从而更容易形成一种融洽轻松的谈话氛围**。刚开始时可以下意识地这么做，如果最终能够形成一种无意识的镜像模仿习惯就最好了。

谐星组合 UN-JASH[①]的渡部建先生就曾公开宣称经常使用这项技巧。可能正是因为这一点，渡部建先生最终迎娶了比自己小

① UN-JASH，由儿岛一哉和渡部建两人组成的谐星组合。

15 岁的超人气女优佐佐木希。渡部建先生很有可能就是利用镜像模仿的技巧，才得以和佐佐木希建立起信赖关系的。

这样掌握技巧！ 模仿“什么都别想！用心去感受”

接下来向大家介绍一款能够锻炼镜像模仿能力的“终极镜像模仿游戏”。首先两人成一组，其中一人自由活动或者随意说话。另一个人准确地模仿他的动作。对他说的话，也尽可能同时复述一遍同样的内容。刚开始的感觉肯定是“一边想着模仿的事情一边做出模仿的动作”。不过，等习惯以后肯定不用经过大脑思考也能做出模仿动作。这和李小龙的功夫电影中的名言“什么都别想！用心去感受”类似，就像人在听到巨大的声音就会自然扭头去看一样。

实际上，如果让对方发现你在刻意模仿，有可能还会引起他的反感。因此，要通过这款游戏，提高自己内在的模仿感受度，做到能够无意识地即兴发挥。

62 让大家都觉得，你是个好听众

形成亲善关系第二步，向对方鹦鹉学舌

下面向大家介绍形成亲善关系三部曲的第二项技巧，“向对方鹦鹉学舌”。

如果我们去看电视上那些动不动就吵架的中老年夫妇，就会发现丈夫对妻子说话的回应，一般就是一个字“嗯”。而且，丈夫是一边看报纸一边回答“嗯”的，几乎完全无视对他说话的妻子。所以，妻子就会很生气地说：“你都完全没有在听我说话吧？”作为丈夫来说，因为倒是有在听的，所以对妻子的反应有点烦躁，觉得“有必要这么生气嘛”，最终演变为真正的夫妻大战。

通过文字来看夫妻俩的对话内容，就可以看出他们之间其实是有你来我往的信息交流的。但是，作为妻子来说，她感受不到丈夫在倾听并且理解她说的话，这成为了夫妻吵架的原因。也就是说，**如果要防止这起纷争，只要丈夫表示自己一直在听妻子说话就可以了**。

如果想这么做，最基本的方法就是要看着对方的眼睛说话。因为这样做，除了语言之外，还向妻子传达了自己真的在听她说话的信息。但是，丈夫其实也可以在语言中加入“我有在听你说话啊”。这就是“向对方鹦鹉学舌”的技巧。

这种鹦鹉学舌的技巧，有个专业术语叫“反向跟踪”。方法很简单，就是在自己的发言中穿插对方说过的句子或者词语。比如，刚才例子中提到的丈夫，一边看电视或者报纸一边用一个简单的“嗯”敷衍妻子。然而，如果丈夫能够学一下妻子的话，情况就会有点不一样。举个例子，假设妻子对丈夫说：“今天晚饭的生鱼片，虽然有点贵，但是物有所值，很好吃吧。”对此，丈夫一边继续看电视一边回答：“刚才吃的生鱼片，味道确实不错。”

和那句生硬的“嗯”不一样，这样的回答，可以告诉对方“我在听你说话哦”。

当然，这里我们假设丈夫不看着对方而仅仅通过学舌来回答妻子，只是为了用一个极端案例来说明问题，由此也可以看出鹦鹉学舌的方法就是有这样神奇的效果。因此，**如果你是一位商务人士，那么在处理部下的牢骚、或者倾听客户要求的时候，都尽量注意使用这项鹦鹉学舌的技巧。因为这样人们肯定会觉得“这个人，是一个有认真倾听我讲话的人”**。

明石家明石家秋刀鱼就非常频繁地使用这项鹦鹉学舌技巧。

主持人如果无法让外界感受到自己听取并且理解了嘉宾说的话，则嘉宾会很难开口，观众也会变得很不安。举个例子，假设有位嘉宾艺人说道：“有位我很疼爱的后辈艺人，真的很傻。”这时明石家秋刀鱼会马上接进去说：“你这人，真的是很喜欢疼爱那些傻傻的家伙啊。”你看，明石家秋刀鱼原样照搬了“傻”和“疼爱”这些关键词。这样一来，说话的人就能感受到明石家秋刀鱼理解了自己的话，也就能够安心地继续说下去了。

这样掌握技巧！首先试试“过度的鹦鹉学舌”

一起来试试这款“鹦鹉学舌游戏”吧。这款游戏由两人一组共同进行。其中一人请照常说话。然后，另一人注意在谈话中“鹦鹉学舌”。

因为只是游戏，所以请试试“过度的鹦鹉学舌”。甚至过度学舌到忍不住发笑的程度也没关系。通过训练，你一旦掌握了学舌的界限，就能在日常生活中自如地学舌了。

63 在谈话中让对方理解你，并信赖你
形成亲善关系第三步，和对方用同一种说话节奏

下面向大家介绍形成亲善关系三部曲的第三项技巧，英语称为“Pacing”，在日语语境中为“和对方用同一种节奏说话”。

在我 20 岁的时候，曾经在 NHK（日本放送协会）当编辑，把他们 5 分钟左右的新闻报道编译成英文，并制作成 3 分钟左右的海外频道节目。当时我有一个意外发现，那就是即使剪掉整体视频的 40%，随之剪掉的解说词却未必就是 40%。

理由很简单，因为随着观众群体的变化，解说词的节奏也相应发生了改变。

在 NHK（日本放送协会）向地方播放的节目中，有很多老年层的观众，所以节奏比较舒缓。面向全国播放的节目则比面向地方的节目有更多的年轻人观看，所以节奏也相对较快。然后，住在国外的外国人中，想要了解日本情报的这些人，大部分都是在职的商务人士，所以节奏速度也要稍微快些。

就像这样，根据不同的年龄层，我们需要制作易于他们接受的信息播报节奏。因此，**在传播信息时，我们就必须把握向谁传播，用什么节奏传播最合适的问题。如若不然，则或者信息根本不会**

在观众的脑海里留下印象，或者观众一早就对你厌烦透了。

这种考量，即便放在个人的社交生活中，也非常重要。举个极端的例子，估计没有人会快言快语地和老人院的老年人们说话吧。同样的道理，说话的人要注意根据对象是谁，采用对方比较喜欢的节奏速度说话。这样做，能够很好地和对方构建起信赖关系。那么，究竟什么是“对方喜欢的说话节奏”呢？其实，那就是对方说话的节奏。因此，只要你能习惯“和对方用同一种节奏说话”，就能够更轻易地和很多人建立起信赖关系。

话说，很多谈话类书籍中都会强调，“谈话的时候，要缓慢、清晰地说话”。因此，或许有人会质疑说，如果对方语速快我也快语速地应对，真的没关系吗？但我要说的是，如果对方语速快，你只要是和他保持同样的节奏，那么用同样的快语速说话也完全没问题。

大家顾虑说话节奏的一个最重要的原因，就在于想要更“明白易懂地说话”。对于大部分人来说，只要能做到“缓慢、清晰地说话”，那几乎肯定能得到“明白易懂”的效果，所以这只不过是一句放在谁身上都能适用的“万金油”指南罢了。因此，**对于那些能够配合对方的节奏把握好自己说话节奏的人来说，这么做肯定是最理想的**。

这样掌握技巧！▶像合唱一样，试着三人齐声说话

接下来为大家介绍一款即兴技巧中的基础游戏，“大家合为

一人的游戏”。只要三个以上的人，宛如一个人在开口一般地齐声说话就可以了。

找个人向三个人以上的组合提问，比如“今天吃了什么”，然后这三人以上的群体一边相互配合节奏、识别气氛，一边即兴考虑要回答什么，尽量像全员大合唱一般同时回答出吃过的食物。

请试着努力全员齐声回答，比如“吃了乌冬面”。要完全同步肯定是不可能的。但是，就像合唱练习一样，只要日积月累，大家就会逐渐习惯与周围人的默契配合。只要通过反复练习，就一定能够完全掌握同节奏的谈话技巧。

第5章

和什么样的人都能热聊起来

让你成为续话达人的出色谈话技巧

给人留下“这个人好聊天”的印象

64 在聊棘手的陌生话题中强势回应

被问到棘手话题，先接住再巧妙抛给对方

你有没有遇到过这样的情况呢：明明自己拼命努力想要把话题聊热，结果对方来一个奇怪的问题，把谈话给中途打断了。

举个例子，像我这样的“适婚单身狗”，有时候在和年长的已婚者说话时，话题突然就会转到“我为什么不结婚”上来。在这种话题突然转向私人领域的情况下，很多人都不愿意正面作答。或者，也有像我这样的，对为什么自己一直单身这个问题从未进行过深入的思考。

这种情况下，我们的回答就只能用一句“到底为什么呢”来敷衍过去了。接着年长者就会下结论说“现在的年轻人，真是越来越搞不懂了”，然后谈话宣告终结。

那么，我们应不应当把这种沉重的气氛，归结为“是提出难题的对方制造出来”的呢？的确，也有这方面的因素。但是，如果你真的重视一场热烈的即兴谈话，那么就请自觉把天聊不热的原因百分之百地扛下来吧。

人在进行你来我往的谈话时，总是无意识地认为对方是那个会往自己好球区投球的人。但是，无论从形状到区域大小，好球区都是因人而异的。因此，就算对方一心想要往你的好球区里投球，也有可能扔成一枚死球。但是超过半数的投球人都不会发现，自己投出去的球与对方的好球区相距甚远的事实。

那么，当对方投来的球，和自己的好球区偏差巨大时，我们又该如何应对呢？**其实说来也很简单，那就是只能用“被问到的事情坚决回答”这一种方法了。**但是也没必要冒着严重受伤的风险，只为了妥妥地正面接球。**对那些并不容易接到的球，不要视而不见，只要跑过去捡起滚远的球，然后返投回去就可以了。**举个例子，让我们回到最初那个被问到“为什么不结婚”的事例，假设你并不想回答其中的缘由。这时，你可以试着这么反问：“到底为什么呢。××桑，那你结婚快乐吗？”

我们在本书中提过多次，人很喜欢说与自己有关的事情，认清这一点非常重要。所以，如果你向那些对婚姻话题感兴趣的人询问婚姻观，对方肯定会滔滔不绝地跟你聊个够。只要把“询问和对方有关的话题”这种加强版技巧记在心里，再遇到讨厌的问题时，也能极大提高从那种讨厌的气氛中成功解脱出来的几率。

这样掌握技巧！ ▶ 找到应对讨厌问题的自我风格式应答

接下来做一个“社会人的讨厌问题游戏”。首先，写下一个你不希望被别人问起的问题。比如，“听说你欠了 200 万日元的外债”“听说最近闹分手，你嚎啕大哭了”等等，什么问题都可以，但是要真实。然后可以先行试错，直到感觉找到了针对自己讨厌部分的固定应答为止。就我而言，就像我针对结婚问题确定了自己的固定回应套路一样，今后也肯定能够在即兴谈话时找到应对其他棘手话题的应对方法。**如果能够对棘手的问题应付自如，那么你随之也就很少再会遇到难缠的对手了。**

65 把初次见面的人聊成好朋友

开场先逗人笑一个，能迅速跟陌生人打成一片

不管从事何种职业，人脉都是非常重要的。但是，对于怕生的人来说，扩大人脉简直就是一件伤筋动骨的大磨难。举个例子，假设公司举办忘年会，可以有机会和平时从未谋面的部门同事说话。这时，那种自来熟的人很快就能和其他部门的人打成一片。然后，第二年,他又能迅速通过其他部门的人脉关系,在公司内部往来穿梭、游刃有余。就像这样，如果想要扩大人脉，哪怕只是一次搭话的机会，你也要充分把握，因为在现场能够建立起何种程度的友好关系，便直接关乎到人际关系建立的成败。话虽如此，就算明白这个道理，但是“自己不善应付初次见面的人”这种意识要改变起来是很困难的，因为不是谁都能在建立良好关系的考场上简单取得成功的。

那我们究竟该怎么办呢？很简单，“不要把初次见面的人，当成是初次见面”。或许有人觉得，说起来容易，但是做起来难。举个例子，初次见面的同龄人用哥们式的语气，坦率地对你说：“我们是同年。要多关照啊。”对此，就算是不善处理初次见面场合的人，估计也能配合对方的情绪回一句很哥们气的话：“要多关照啊！”但情绪是很难长久持续的。所以不久之后，总觉得又和对方隔着一定的距离，结果，回过神来时两人不知不觉都已经开始用上敬语交流了。不过，就算初次见面时聊天时间不长的人，如果能够相遇两次以上，是不是会神奇地发现彼此之间异常融洽？究其原因，就在于相遇二次以上时，我们的大脑已经认定对方不是“初次见面的人了”，而是“见过一次的人了”。

从理论上考虑，比起那些虽然打过几次照面但是没有聊天的人来，虽然是初次见面但是聊天超过 1 小时的人，你反而会了解得更清楚。

尽管如此，只**要把对方归入“初次见面”一栏，你就绝对不可能敞开心扉。因此，如果想要进行一场融洽的谈话，不是没头没脑地增加接触的次数，而是要下意识地去改变对方在你心中的位置**。而将对方从“初次见面”这一栏移出来的有效方法，就是这个“不管那么多，先逗他笑一个”的方法。

这些方面要注意！ 笑 = 自己得到了接纳，成为“朋友”

这本书中提到过很多次，**对方笑了这件事情，意味着自己的**

想法或者观点得到了对方的接纳。也就是说，如果从自己的角度来看待对方笑了这件事情，就是觉得自己“得到了对方的接纳”。因此，就算一次也好，如果你能够惹得对方发笑，则就算是初次见面的人，也能变得更容易在心里把你归入“朋友”一栏。不仅如此，就像我们多次强调的，如果双方都能认识到要相互接纳对方，那么人和人之间的交往就会迅速融洽起来。最终，“逗他笑一个”这件事情就会成为你们之间的关系飞速融洽的一个重要契机。

这个方法不仅适用于一对一的交流，而且也适用于所有与初次见面的人接触的场合。举个例子，单口相声总是在最初部分的“开场白”先逗个乐，然后再进入下面的大段子。我们在前面曾详细介绍过的小泉进次郎众议员，也总是在演讲冒头的笑话上颇费了一番工夫的。

所以，如果下次遇见初次见面的人，请记住“不管三七二十一，先逗他笑一个”再说。还有，至于怎么才能逗笑对方，请参考本书关于逗笑的有关章节。

66 像鹤之刚士一样，染金发、刺纹身却依然受人喜爱

做个好说话的人，展现出平易近人的气质

不管是谁，在学校或者职场里总会碰到个把很不好说话的人。本书已经介绍了如何向这种“难说话的人”搭腔的方法。不过，这次我们要反过来为那些被周围的人认为“很难说话的人”传授

一项技巧。因为，**其实被周围的人认定为“很难讲话的人”，他们自身才是最大的受害者**。

举个例子，很多人在高中的时候，是不是都觉得父母特别“不好讲话”？所以，当你在高中阶段遇到问题时，想必也都是瞒着父母尽量自己悄悄处理掉吧。我有个朋友就是，在骑摩托车发生交通事故后，居然想要瞒着父母，所以医院也不去，自己忍着手腕上的疼痛。不过，据说后来实在忍不住去医院检查，才发现已经骨折了。听说他的手腕骨头最终也没能恢复到完全伸直，结果被父母骂个半死。的确，父母都觉得为了孩子的将来，必须对他严格点。但是，如果因此而错过了孩子最佳的就诊时间，那就真的是本末倒置了。

这些事情放在商务领域也是同样的道理，比如面对一位“很难讲话的社长”，胆战心惊的员工总是不愿意向他报告公司的那些坏消息。结果，社长就会像光杆司令一样，根本没办法作出恰当的经营判断。**可悲的是，这些身上弥漫着不好讲话气质的商务人士，很多人自身对此却浑然不觉**。或者，有很多人还在使用自己是“体育会系[①]”性格、或者年轻人就是需要“吃苦头受磨炼”等借口，**理直气壮地为自己不好讲话的气质正名。甚至有人还把不好讲话误认为是自己的权威**。

这类人就算再怎么为自己“不好讲话的气质”正名，对于改

① 体育会系：在体育系的社团活动中，强调下级对上级、后辈对长辈的绝对服从，所以“体育会系”也用以形容具有这一特质的气质或者性格。

善他们难以从别人那里获取重要信息的不利处境，根本毫无助益。因此，不管是谁，都要树立一个意识，那就是尽可能“展现出自己平易近人的气质”。

那么，究竟什么是“平易近人的气质”呢？这是一种积极而丰富的情感表现。也就是说，自己对周围的人总是抱着一种积极肯定的先入观，并把这种积极的想法通过外在表现传达给对方。

再具体点说，就是不管对谁，都像对待 2 岁的小朋友一样对待他就可以了。面对一个乳臭未干的小朋友，我们总不可能对他抛白眼嘲笑说“你连厕所都不会自己上，真害臊”吧？如果，你从一开始就在小朋友面前展现一种否定的态度或者表情，他不哭哭啼啼地闹你才怪呢。

就算对象是大人，情感的根基也还是一样的。如果从一开始就用否定的态度看待对方，作为大人虽然不可能哭哭啼啼的，但肯定会产生心理上的排斥，觉得“这个人很难接触”。因此，即便面对的是大人，**在接触的时候也要尽可能以笑脸相待，不要把别人当傻瓜，不要看不起对方。只要作出这样的努力，周围的人对你的印象肯定会得到改观。**

另外，奇怪的发型、酷炫的潮流，这些都可能成为你被认为“很难讲话”的因素。但如果是一个情感表现积极丰富的人，则外观如何并不重要。

比如，明星鹤之刚士染着一头“金发”，虽然面积比较小但是还刺了纹身。一般有着这两种装扮的人都会让人觉得非常可怕。但是，鹤之刚士却是那种如果在路上遇见打招呼，会让人感觉很好说话的艺人之一。**简言之，决定“平易近人的气质”的并不是外在的因素，而是内在的因素。**

这样掌握技巧！ 请第三方来判定一下自己的气质

让我们来试一下这款“搭话游戏”。只要让B向A搭话就可以了。首先让A在心中决定自己是要“展现出不好说话的气质”，还是要“展现出平易近人的气质”，然后B再开始搭话。同时，让第三方在一旁观看。

这样一来，大家就可以在事后一起针对A“要如何做才能变得平易近人”进行讨论。通过这样的讨论，能够帮助A认清并且客观地看待自己的言行举止。只要试上几次，你身上“不好讲话的气质”就会淡化，从而变成一个让人觉得更加平易近人的人。

67 把一件很牛的事当成“常识”一样说出来

学识不够机智来凑，偶尔装样子也无伤大雅

常常会有一些聪明人，他们真的无所不知。打开电视，里面的塔摩利先生、林修先生、崛江贵文先生等等，不限话题领域，对什么事情都能侃侃而谈。这些百事通式的人物说的话具有压倒性的说服力，如果你是一位商务人士，肯定也曾想过要来一场像他们一样畅快的谈话。

话说回来，这些博学者究竟是怎么积累起那么多信息知识的呢？估计也不外乎在闲暇时间阅读大量的书，会见形形色色的人，上网浏览新闻等等。如果没有绝对海量的知识储备，那么在别人问起这些事情时，就不可能做到“学识渊博”。

但是，也不要因为做不到如此海量的知识储备，就心生绝望，认为自己不可能在周围人群中树立“学识渊博”的形象。**虽然方法有点取巧，但是只要稍微改变一下“说话方式”，照样也有可能让别人认为你是一个“学识渊博”的人**。该怎么做到呢？只要使用“把一件很牛的事情当成‘常识’一样说出来”的技巧就可以了。实际上，甚至有人因为在无意识中惯常使用这项技巧，而被当成了某方面的专家。举个例子，一群人在讨论偶像的话题，有人说：“AKB48 的阿酱（即前田敦子），好像几年前就从 AKB 毕业了吧？”这时，如果有人把“2012 年夏天 AKB 剧场上的毕业演出，就是她最后一次以成员身份登台啦”这样的猛料当成常识爆出来，效果会如何呢？听到这样的回答，估计很多人都会觉得“连这么机密的事情都能像常识一样信口拈来，这个人一定是 AKB 的超粉吧”。

但是，只要冷静地思考就会发现，其实说这话的人也未必就有多么的了不起。比如，说不定有人正好也在 2012 年夏天从某所学校毕业，所以对阿酱的退团印象深刻呢。或者，肯定也有人当时正好在 AKB 剧场附近的店里打工，所以那些在场外等候阿酱退团的人山人海给他留下了强烈的印象。

反之，有一些真正矢志不移的 AKB 家阿酱铁粉，也未必就会把这些机密当成“常识”一样讲出来。因为这些人只会对别人寻求的答案就事论事地回答，所以针对刚才那个的问题，他们的回答就是“阿酱在几年前就退出了”。这种表现和前一种不同，根本无法让人觉得你“什么事情都知道”。

话说，已经退出演艺圈的岛田绅助曾经就说过，这项技巧对明星而言非常重要，并且还推荐了一种有趣的知识储备方法。就是只记住最牛的事情。让我们一边体会绅助先生的理论，一边看一个具体例子。

假设，有位明星准备参演藤子・F・不二雄的专辑剧目。此时，如果要在录影前做功课加深认知的话，该选《哆啦A梦》还是选《21卫门》更有利？答案是听起来更牛的作品《21卫门》。

为什么这么说呢？因为说起藤子・F・不二雄的剧目，《哆啦A梦》的播出可谓无人不知无人不晓。因此，虽然说起来有点极端，**但是即使这位明星一次都没看过《哆啦A梦》，只要他能和人聊《21卫门》，那么观众就会把他当成对哆啦A梦也相当了解的藤子・F・不二雄的大粉丝。**

作为都市白领，如果能够暗暗记下一些红酒礼仪，或者估计谁都没去过的温泉秘境、高尔夫球场，以及职业棒球联赛对垒双方的选手情报等，则似乎也会增加很多被误认为博学王的机会。

这样掌握技巧！▶试着练习如何披露一个很牛的段子

接下来介绍一款“博学游戏”。找个人，让他针对你熟悉的领域提问题。而后，你像说一件常识一样介绍其中很牛很疯狂的事情。举个例子，假设对方问你："你喜欢吃拉面？"这时你就要回答："对啊对啊。我喜欢吃拉面二郎，我不但喜欢他们的二郎系拉面，而且包括他们家的其他原创系列我也爱吃。"实际上，尽管你可能对其他豚骨拉面或者味噌拉面的知识一窍不通，但是这并不妨碍你此刻看起来就是一名拉面通。就像这样着意练习"将很牛的事情当成'常识'一样说"的技巧，您就可以游刃有余地成为对方眼中的"博学者"了。

尽管如此，如果每次都滥用这个手段，也有可能让人觉得你这人俗不可耐，所以一定要特别注意拿捏好其中的分寸。

效果

用“一句幽默的话”抓住对方的心，进而引出情报

68 让人听一次就再难忘记，从而记住自己

语不惊人死不休，能让自己轻易不被遗忘

大家有没有过这样的经历：明明以前碰过面的人，又郑重其事地掏出名片递给你，跟你打招呼说“初次见面”。这时，虽然你努力不在脸上表现出来，但心里还是会受到一万点伤害。并且，现场确实还有比自己更平凡、更无趣的人，在同一时间、同一空间，和同样的对象说话，为什么单单自己成为那个被遗忘的人呢？想到这些，有人甚至可能会对自己丧失信心吧。然而**遗憾的是，要说到个中原因，对方记忆力出问题的可能性非常低，只可能是“自己的身影太淡薄了”**。

有一种技巧，可以帮助你避免出现“身影淡薄”或者“缺乏存在感”等这类坑人的情况。在盛行聚会的欧美，更是大量需要避免出现此等情况的技巧。

只要一开口，就说出能够让对方稍微感到吃惊的话就可以了。举个极端的例子，假设一个初次见面的人满脸严肃地对你说“听好了！我今天买彩票中了10个亿啊”，结果会如何？你肯定会追着对方认真地问个清楚吧？这就是关键点。如果能一开口，就说出让对方吃惊的事情，对方肯定会从一开始就对你的话感兴趣的。因为人们非常有可能将自己感兴趣的话牢牢记在心里，所以即使对方记不起你的长相，但是却很容易就能够想起你说的事情。

这项技巧是彼得武的拿手说话技巧。举个例子，彼得武曾经参演过一部非常严肃的战争片。在采访这部影片的时候，正当其他演员都在大谈严肃的战争问题时，有人问彼得武对影片的看法。结果他开口就来了一句：“因为台词实在太难记了，拍得我想吐。”这种意料之外的回答，肯定会令人大吃一惊的。因此，周围的人都很期待彼得武接下来会讲些什么，自然就会集中注意力听他的发言了。**正是因为掌握了这种说话技巧，所以彼得武先生每次回答问题都绝对能够让周围的人难以忘怀，他也因此得以在演艺圈的顶端屹立不倒数十年。**

这样掌握技巧！练习一开口就说出令对方印象深刻的话

接下来为大家介绍一款“开口第一句游戏”，帮助大家能够“一开口就说出惊人的话”。游戏需要两人以上，其中一人扮演某个人物，比如“新来的同事”。剩下的人按照开口第一句就要说让他稍微有些吃惊的事情这一原则，轮流和这位同事说话。不要说类似“人们都说我长得很像 ××”这种，在日常生活中实际会用到的不痛不痒的话题。反正只是练习，不妨想到什么说什么，像类似“你真是一眼看去难以辨雌雄啊。你到底是大叔？还是大婶”这种玩笑也是可以的。在游戏的过程中，要注意去感觉什么方向的话题是 OK 的，什么方向的话题又是 NG（No Good）的，久而久之，自然能够掌握不假思索地挑选适合话题的即兴应变能力。

69 让对方身心愉快地谈论自己

用自己的事抛砖引玉，让对方自动敞开心扉

一方面，大部分参加相亲舞会的女性，对所遇到男性的资产、财产以及年收入等各项情况非常感兴趣；另一方面，财大气粗的男性参加者，也同样在伺机寻找向女性展示自身财富的机会。既然这样，似乎又让人觉得女性最好一看到男性，就干脆直白地追问对方的财产情况。但是，人的心理不是那么容易就能看透的。如果女性只是一味地追问男性的财产情况，则男性会感觉在接受审问，结果很可能反而弄巧成拙。反过来说，如果男性只是一味地炫耀自己的财富，女性也会觉得非常扫兴。就像这样，**谈话这件事，并不是简单地将“想传达的事和想知道的事”这一对供需关系进行匹配，就能够畅聊起来的。**

原因就在于，当自己的信息披露出来的时候，如果没有获得等量的对方信息反馈，人们就会变得内心不安。因此，就像我们

在本书第 03 小节“将发言量控制在全场 3~4 成”的技巧中也稍微提及的一样，**如果有什么事情想要询问对方，可以按照“一边说出自己的情况一边向对方抛出问题”的感觉去把握**。在商务领域，虽然方式有所不同，但是基本原理是相同的。

不过，并不是说所有场合都要这样一来一往。比如在看病的时候，如果医生也总像这样“我的体重是 75 千克，你的呢”一一摆出自己的个人情况，那就有点恶心了。

实际上在商务社交中，“一边说出自己的情况一边向对方抛出问题”的做法也正日益变得越来越重要。因此，对于医生来说，如果能这样问诊就再好不过了：“这次开的药药性比较强，为慎重起见，我想知道一下你的体重。”这样一处理，就变成医患之间的自然对话了。

据说美国电视业一个最赚钱且年收入超过百亿日元的人——奥普拉·温弗瑞，就经常使用这个社交方法。

奥普拉在自己的脱口秀节目中充满情感地披露了自己作为黑人女性而遭受歧视、14 岁时因为遭到强奸而怀孕生子等诸多事情。这样一来，前来参加节目的嘉宾就算是好莱坞的超级巨星，也能够毫无芥蒂地敞开心扉了。结果，到后来嘉宾们也开始一把鼻涕一把泪地讲述起自己本来并不打算公开的辛酸过往。

甚至汤姆·克鲁斯在参加奥普拉的节目时，由于太兴奋，居然一边在沙发上手舞足蹈一边向妻子表达爱意。据说奥普拉年轻的时候专门学过即兴表演，锻炼过主持谈话技巧，再加上她后天的不懈努力，才取得了今日的成就。

这样掌握技巧! 自己的事情不要说太多，平时注意磨炼自己的提问技巧

接下来介绍一款“问出对方烦恼”的游戏。无论谁的身边都会有一些牢骚满腹的人。在和这些人谈话时，试着利用“一边谈论自己一边抛出问题”的技巧，引出深层次的话题。平常基本上不谈到自己的人，只要注意提醒自己比平时多说点，整个谈话就肯定会不一样。

不过，有问题的是那些自己的事情说太多的人。虽然我自己也是这样，那些自己喜欢说话的人，往往很容易说着说着，就忘了要以对方为主这件事了。

因此，至少你要认识到，自己说的话只是作为工具来引导对方说话的，要注意试着深入挖掘对方那些牢骚话里的内容。一旦你的谈话所触及的深度比平时要深刻得多，那么这个节点的到来就意味着，你的谈话技巧又进步了一大截。

70 从根源上杜绝你的社交摩擦

学会理解和沟通，减少文化差异带来的冲突

本节介绍的方法和我们在本书第 55 小节“细致分析生气者的怒气”中介绍的内容相类似，不过却是针对不同的麻烦提出的处理方法。可能有人会觉得，相比其他国家的人来说，日本人对约

定事项有着异常严苛的要求。举个例子，我在NHK（日本放送协会）海外英语新闻节目组任职时，外国员工和日本员工之间，经常因为时间问题发生摩擦。对于日本员工而言，一旦约定“明天几点集合”，那就是一条像法律一样的重要规则。然而，在外国员工中，肯定有人并不这么认为。因此，在日本员工中有人就非常愤怒地觉得“外国人一点工作态度都没有”。

读到这里，估计有人会觉得，外国人跟日本人相比，不靠谱的人更多。但是，这么认为的人，在社交的过程中非常容易引起摩擦。**理由就是，这种认知绝对不是“正解”**。在刚才举的例子中，那些频繁迟到的外国员工，他们脑袋里根本就没有日本人那种遵守集合时间的观念。因此，即使日本人提醒那些外国人迟到的事情，他们也只会打心眼里感到困惑，觉得“你说你比我早来10分钟，那么你的工作成果有因此发生任何变化吗”。

在这种情况下，要想交流不发生摩擦，在情感上做到“认可对方的辩解”就很有必要。我们继续以日本人和外国人之间的交流为例来考虑。如果日本人想提醒外国人迟到这件事情，让我们从一句“的确，从工作效率方面来讲，这或许并没有什么实质意义”开始，首先接纳外国人的辩解。在此基础上进一步说明：“但是，在日本这事关对公司的忠诚，因此大家都非常认真地遵守不迟到这个规则。”当然了，就算这样进行了说明，要是遇到像美国谐星杰森这样的人物，也可能被反问一句：“Why Japanese People?（日本人干嘛要这样？）”很明显，即使出现这种情况，比起打心眼里认为对方的想法错误，从而不分青红皂白地否定对方来，整个交流肯定会变得更为顺畅。

此时最关键的是，要让自己重新接受一个事实，那就是“别人未必会听自己的”。不管你再怎么接纳外国人的辩解，并每一次都耐心地解释，大概率上外国人也不可能马上转变观念，变得和日本人同频共振。因为，对方数十年积累下来的习惯，不可能因为你 5 秒钟的一句话就扔得干干净净。因此，有那份不分青红皂白发火的力气，还不如执着地不厌其烦地进行说明，这也是唯一的选择了。这样一来，既不用担心周围的其他日本人觉得“公司只对外国人另眼相待”，社会性的隔阂也能彼此打通。

前面的篇幅，我们都在讨论日本人和外国人由于文化差异引起的摩擦事例。那是因为，如果能够理解“文化差异”将带来摩擦纷争这件事情，则我们面对绝大部分摩擦时的应对处理能力都将得以提高。**实际上，在日本人之间，甚至于朋友、家人、恋人之间产生的摩擦，很多也都是“文化差异”引发的争执**。举个例子，从小接受“过了保质期的食物不能吃”这种家庭教育的丈夫，和从小接受“只要没有腐坏变质，扔了可惜，要吃掉”这种家庭教育的妻子之间就会产生争执。这种争执说白了，就是两人对于食物理解的文化差异造成的。大家各自主张“自己才是正确的”，闹到最后，也只能是一方怀揣着不满迁就对方罢了。这种状态就像埋了一枚定时炸弹，如果放任不管，非常有可能什么时候就爆炸了。

因此，**每当眼看就要产生纠纷时，请首先理解对方的主张，然后再试着共同探讨其中的妥协点**。

这些方面要注意！ 摩擦双方是否在争夺“上级”的位置

实际上，日本人可能不太擅长使用这个方法。原因在于，**日本人在社交场合，非常重视保持上下关系的权威平衡**。曾经日本人信奉的是晚辈服从长辈、妻子服从丈夫，在这种日本式上下关系中，“上级”拥有绝对的权威。因此，“下级”没有自己的主张，也就不容易引起摩擦。

但是，随着时代的变迁，人人平等的思想也在日本人中广泛传播。所以在这个时代，即便是普通的公司职员，如果觉得公司不对也可以表示不满。**不过，时至今日，在日本人的思维里，“社交”和“上下关系”依然是紧密联系的。因此，在日本人之间产生的摩擦，与其说是平等的交流碰撞，倒更像是在争夺“上级”的位置**。万一出现这种情况，可以从“认可对方的辩解”、尊重对方做起，至少自己这方要努力做到“平等交流”。

这样一来，两人便不至于相互争夺“上级”的位置，而有极大的可能找到彼此认可的妥协点。

71 在谈话中和说话对象之间产生“友情感”

找到彼此的共通情感体验，跟对方产生共鸣

人们如果遇到相同籍贯、相同职业或者相同趣味的人，则更容易马上成为好朋友并融洽相处。我如果遇见了同为电视台或者出

版行业的人，也感觉彼此的磨合时间要更快。举个例子，就我而言，如果身边有人感慨说“被交稿日期追得喘不过气来了”，那么我会马上表示同感地回应道“真是够呛啊”。这么处理的结果就是，双方都能打开心扉，觉得彼此之间有一种比熟人还要熟人的朋友感觉，即“友情感”。

当然了，就算是完全找不到共通点的人，但“谈话很愉快的人”还是大有人在的。**不过，很多时候，就算能成为“谈话很愉快的人”，或者“值得尊敬的人”，也不见得彼此就能在电光火石之间产生“友情感”**。

那么，可不可以据此武断地说，对方只要是老乡等这些和自己有共同身份归属的人，就能快速地产生友情感呢？我们并不能这么说。实际上，不管是谁，在同一职场内总有不好相处的人，也就是说，在同职业的人之中总有相处不好的人。面对非常讨厌的上司，我们不可能因为和他干的是同一份职业就与之产生“友情感”。

那么，人们到底在发现何种共通点的时候，才能变为好朋友呢？可以说是在找到“确实存在的共同情感体验”的那一瞬间。在前文我自己的例子当中，正是因为我们确立了“被截稿日期追得喘不过气来，可真是够呛”**这种苦逼情感的共同体验，所以才能够一口气打开对方的心扉**。

日本前首相安倍晋三对这项技巧的运用可谓炉火纯青。所以看起来，他似乎和美国第 45 任总统特朗普建立了良好的个人关系。在特朗普赢得总统大选后，安倍是全世界最早前往拜会的人。而且，在对方还未正式就任总统职务前的那段时间，安倍曾在特朗普大厦对特朗普说："你我之间有共通点。"然后，他还说道："你曾被纽约时报（NYT）穷追猛打。而我也曾被和纽约时报有合作关系的朝日新闻穷追猛打。不过，我赢了……"进一步不失时机地大打共通的情感体验牌。

听了这番话后，特朗普对安倍克服辛劳困苦的经历产生了情感上的共鸣，据说，他还敞开心扉对安倍说："我也赢了！"**看来，无论东方还是西方，要想和一个人打成一片，分享共同的情感经历显得异常重要**。

这样掌握技巧！探查可用于恋爱场合的共通情感体验

接下来介绍一款"的确存在情感体验的游戏"。实际上要想熟练使用这次介绍的技巧，有一份找出共通情感体验的眼力非常重要。

如果，安倍跳过了纽约时报和朝日新闻之间有合作这件事情，只不过泛泛地说"我们都是在媒体穷追猛打的攻势下成为一国领导的难兄难弟"，结果会如何？恐怕，给特朗普留下的印象就会完全不一样，顶多让对方感觉两人之间好像有那么一点淡淡的联系。

在这款游戏中，要首先认定一个特定的对象，然后自己找出彼此之间有什么共通的情感体验。当然了，无论是心酸的体验还是快乐的体验，只要是伴随情感的共通体验都可以。既然说了这么多，接下来还是让我们尽可能进行一番探索，找一个和自己没有建立“友情感”的人，努力建立起那份共通的情感体验吧。一旦找到了共通的情感体验，不妨试着将他所考虑过的事情说出来看看。如果能够借此缩短彼此之间的距离，那就算成功了。这项技巧也可以用在恋爱即兴谈话中哦。

孕育出“友情感”的“共通情感体验”

能够从“笨嘴笨舌”变为“谈话达人”

72 牢牢掌握谈话主导权，放正自己的姿态

灵活应对职场上下关系，掌握谈话主导权

在本书逐渐接近尾声之际，特地为大家介绍一个高段位的技巧。

平时你的身边一定有那种老大式的霸道上司吧，他们一向牢牢掌握谈话的主导权，最擅长严厉地对部下指手画脚。但是，这样一位上司如果在公司的经营会议上被董事抢走了谈话的主导权，结果会如何呢？他还会像平时一样啰唆多话吗？我看不太可能。某些情况下，甚至有可能该说的话也不说了，只能强打起笑脸低声细气地附和对方罢了。就像这样，当遇到特定某人时就突然变得少言寡语的人并不罕见。

为什么同一个人，在不同的对象面前性格会不断地转变，有时候突然笨嘴笨舌，有时候却啰唆多话呢？**在即兴技巧中，我认为这取决于对说话者 status（地位、立场）高低的掌控能力。**

比如，在由上司和下属构成的社会性上下关系中，上司在上，下属在下，区分明确。因此，可能有人借此认为谈话的主导权必须掌握在上司的手中。然而，在根据谈话具体情况建立的上下关系中，并不意味着地位更高的上司就应该掌握谈话主导权。在开放激烈的谈话中，这一切与社会性的上下关系无关，地位高低的天平就像跷跷板一样上下起伏波动。举个例子，请想象一下必须就某个问题在管理者面前说明情况的公司职员。在说明的那一瞬间，下属的地位自然变高，从某种程度上说，此时他必须掌握谈话的主导权。

让我们来具体思考一下。首先，让我们来分析一下开篇例子中的那位老大式的上司A。他在和下属接触时，是那种比较强势的类型，在谈话地位的跷跷板上，上司比重占9成，下属比重只占1成。另一方面，在向管理者说明问题时，如果能保持比对方稍微高一点点的地位，比如上司A占6成，管理者占4成，就比较理想了。**但是，对于平常重视霸占9成地位比重的上司A来说，要把这一数值降低到6是一件非常困难的事情。因此，他反而突然什么话也说不出来了。**

这类问题的解决方案其实很简单。只要肯放弃“令人舒适的上下关系”就可以了。老大式的上司们，则要学会亲切地对待你的下属，自动放低自己的姿态。

那么，是不是平时就把身段放得很低的人，就没有任何问题了呢？也并非如此。的确，喜欢摆出低姿态的人，在管理者会议等场合，很擅长流畅地融入管理团队设计的话题之中。有的人则擅长通过“你就饶了我吧”这样的低姿态接过对方的话题，然后非常娴熟地说出自己该说的话。但是，**这种对从属角色行为轻车熟路的人，如果要他自己强势地掌握话语主导权则会变得无所适从**。因此，比如甚至在面对浓妆艳抹的年轻女部下时，连“妆稍微化淡一点”这种恰当的善意提醒也说不出口，反而经常受到下属的编排。

像这类具有从属性格的人，刚开始可以通过利用与服务人员的谈话，一边注意不要引起别人的反感，一边练习由自己来主导话语权。连这一点也觉得很难做到的人，刚开始可以利用和宠物接触的机会，练习一下不要太过骄纵对方的行为，也会取得一定的效果。不管是面对服务员还是宠物，最要紧的是体验一下实际发声的实战经验。

这样掌握技巧！ 你能否扮演和日常的上下关系完全不同的角色

让我们来试着做下面这个叫做“挑战自我姿态的游戏”，学会缓和自己的姿态定位。

首先，召集一群人，设定彼此之间“同学”或者“亲子”的虚拟关系。然后，必须要找一个第三人负责观察大家的谈话。规则很简单。参加这场谈话的人之间相互竞争，看看谁更能够在谈话中“保持自己最高（最低）的姿态”。就算自己有心维持在自己很不擅长的高姿态位置上说话，从第三方视角看来却完全是另外一番景象，这点非常有意思。让我们一边观察别人如何挑战不断变化的姿态，一边调整自己的姿态吧。

随着这项“考验演技”游戏的持续进行，在即兴状态下说不出话来，或者谈话磕磕巴巴的人肯定会激增。

73 了解真正提升情绪的方法

积极看待周围事物，培养乐观的谈话情绪

在谈话研修中，我经常会强调声音要大，情绪要昂扬。

尽管如此，如果只是简单地被告知一句“把情绪提起来”，很多人也根本搞不清楚到底该怎么办。看来，对于我们这些不是演员的普通人来说，无缘无故地改变自己的情绪是一件超难掌握的技巧。因此，**大部分人即使接到了“提升情绪”的指示，也只会大声高喊而已**。

这样造成的后果是，白白让周围的人觉得你这个人嗓门太大，是个烦人的家伙。如果什么都不做还能当个普通人，但是现在却因为力气用错了方向，反而成了讨人嫌的家伙，简直没有比这更悲惨的了。这些方面的知识，我们在本书第 09 小节巧用“尾木妈妈式”的交流方式中已经有所接触。本节作为其中的运用篇，向大家介绍一些更加高端的技巧。

我们推荐的这项技巧能帮助大家自然地提升情绪，是一种“有意识地积极看待周围事情”的方法。举个例子，请大家思考一下，面对来店的客人，要怎么积极地看待这件事情，才能让自己以昂

扬的情绪对他说“欢迎光临”呢？如果，今天来的是一位初次光临的顾客，那么请告诉自己“他今天第一次来我们店，真的好高兴”，以此来提升自己的情绪。或者，如果是一位昨天刚来过的顾客，则可以怀着“他不但昨天来了，今天也来了！非常感谢”的心情，对他说“欢迎光临”。其他还有很多因素，比如因为对方是男性或女性，是年轻人或老年人，所以如何如何等等，只要能够敏感地捕捉自己内心的心声，就一定能找到提升情绪的诀窍。就像这样，在需要提升情绪的时刻，只要明确地在心里默认这些理由就可以了。

如果想要观摩具体实操这种方法的人，你可以利用竞选的时候，试着找机会和人气政治家握手并交谈两句。这时你就会发现，政治家会在你说的话中抓住其中的一些关键词，然后兴致昂扬地回应你。举个例子，假设你诉苦说：“消费税增加后，要交更多社保金，生活更紧张了。”这时，政治家肯定会在你的话题中倾注情感，然后兴致昂扬地回应你说：“就算老了以后能返回再多的养老金，如果影响到了现在的生活，那就没有任何意义啦！”就像这样，如果你想随心所欲地提升你的情绪，那就通过“有意识地积极看待周围的事物”，来提醒自己情绪昂扬的理由。**如果有人难以理解其中的表现模式，可以试着通过努力将自己的情感代入对方的谈话之中，或许也能水到渠成地做到这一点。**

这样掌握技巧！ ▸ 试着停止那种装腔作势的高冷情绪

接下来介绍一款“提升情绪的游戏”。孩子比大人更容易因为一些小事情而兴奋起来。也就是说，很多大人知道如何提升自身情绪的方法，但是却早就忘了使用它们。

因此，请试着强行让自己因为一些孩子气的事情而兴致昂扬起来。举个例子，其中一个人说：“我买了冰激凌哦！”其他人则试着像个孩子一样兴致勃勃地回应说：“哦哦！这款冰激凌貌似好好吃啊！”通过多次反复做这个游戏，那种大人身上特有的故意不表现出昂扬兴致的装腔作势的习惯就会彻底消失。然后，通过“有意识地积极看待周围的事物”，让自己能够自由自在地提升自己的情绪。如果能做到这些，周围的人自然会觉得你是个明快开朗之人，从而迎来充满收获的人生。

74 如果看完任何谈话技巧都不管用，那就“以勤补拙”吧

谈话技巧要是看不会，那就写在纸上勤加练习

书看到了这里，估计有人已经开始把书中介绍的技巧运用到日常生活中去了吧。不过，或许也有人因为过于紧张，或者因为对方说了一些意料之外的话，所以在走位不正的谈话中苦苦挣扎。

有鉴于此，这次我们将为大家介绍几项专门针对实践运用的技巧，以供大家自我练习之用。

本书前面介绍的各种谈话技巧，如果用柔道来比喻，则可以说是类似“过肩摔”这种一项一项独立成篇的招数。里面的游戏

就是针对各个招数的练习项目，设计这样的环节就是为了大家能够获得自由练习这样的实战训练。而实际遇到的谈话，则请将其当成实战性的柔道大赛。这样一摆，我们就可以发现在格斗技巧的练习中，还有一项至关重要的不足因素。简明地说，就是缺少增强实际战力的肌肉锻炼。的确，对于原本就有谈话力道的人而言，只要再辅助一些实战训练也就足够了。**但是，对于那些原本谈话力道就处于绝对劣势的人而言，则需要进行相应的肌肉锻炼，以便将地道的“谈话逻辑”灌输到他的脑袋里。**

这样掌握技巧！借鉴英语的学习方法很有效

谈话，实际上就是信息方面的互动。如果你连在和家里人或者亲密朋友之间的谈话中，都感到对信息方面的互动力不从心的话，那就完全是谈话的力道不足了。**虽然做起来比较麻烦，但是对于这类人而言，“将谈话写在纸上”是一件不可不做的事情，所以需要挑战一下这款“写下来的游戏”**。

首先，打开智能手机的录音功能，试着和几个亲近的人谈话30分钟左右。然后，试着写出5分钟左右聊得最感兴趣部分的内容。写完后，回过头看自己到底在其中说了些什么，或者分析一下里面聊得最开心的人是谁，他都说了些什么。此外，我们也非常鼓励大家自己一个人针对某个主题演讲90秒钟，通过录音把内容写下来，然后进行一番分析。通过这种努力，你一定可以逐渐认清，自己“当时要是能那么说就好啦”。经过反复几次的训练，以后在即兴场合讲话时，如果再遇到类似的情况，你脑海中所预想的语言就能源源不断地涌现出来了。

或许有的人即便通过这款“写下来的游戏”分析了自己的谈话，可是仍然觉得闹不清其中的深浅、好坏。对这类人，我们推荐这款“复制游戏”。首先，到 You Tube 上找一些名人谈话的视频，然后试着将其记下来。举个例子，假设你想成为演说高手，那你就去找孙正义这种能说会道的商务人士的演说，然后将其记下来。假设你想说话风趣幽默，则把自己喜欢的谐星的说话记下来。这样一来，你就能通过文字明白什么时候可以举例子，什么时候可以搞笑。理解这些之后，你再跟随名人本人的演讲视频稍微落后他的声音半拍，自己也跟着说一遍。

这本来是用来锻炼英语能力的技巧，英语中称为“shadowing”。不过，**不善于谈话的人如果能够跟在擅长谈话者的后面复述别人的话，则他在掌握说话的间隔、情绪的起伏方面将会有突飞猛进的提升，最终成为一名谈话达人。**

75 成为一个随时都能风趣聊天的人

不怕笑梗冷场，在失败经验中进化成幽默大师

这本书看到这里，都是推荐大家向家人或者朋友敞开心扉说话，不过或许有人还想进一步积极地和其他人也说上话吧。有人或许还想挑战一下自己，讲些“笑话”拉进和周围人的关系。然而，

是不是有人总觉得还是有些害臊，或者说话的时候总是顾忌重重呢？没关系。这些表现都很正常，反而是那些内心完全不害羞的人，因为持续 10 年以上沉浸在自己无人回应的无聊笑话中，最终反而说不出风趣的话来了。当然了，所谓风趣的话，不单指那些笑话，还包括妙趣横生的话。

那么，为什么很多在熟悉的对象面前说话风趣幽默的人，却也难以全方位发挥出自己的幽默感呢？那是因为，**面对那些自己还不知底细的说话对象，他们在无意识中选择不说笑**。

引人发笑，首先要将自己想到的事物见解等观点推介给对方，并从中引发笑点。如果能受到欢迎则笑点产生，如果不能，则陷入冷场的气氛之中。如果，说话对象是熟人，则因为知道对方对什么样的事情感兴趣，所以谈话自然就轻松。另一方面，如果对方是初次见面者或者不太熟悉的人，则对方的兴趣笑点完全是个未知数，因此冷场的概率就变得非常大。或者，如果经过自己的“市场调查”，发现这是个“自己没办法引起对方兴趣的人”，人们就会想着随便聊聊结束话题，这也都无可厚非。

那么，到底要怎么做才能翻越这堵腼腆的墙壁呢？让我们来效仿一下腼腆的谐星是怎么做的。有一些谐星，他们在日常生活中也很腼腆老实。因此，在他们刚出道的时候，很多人都会觉得他太腼腆了，不适合走艺人这条路。然而，尽管他们在私人场合也显得老实巴交，但是一旦面对电视镜头，则马上变得活泼欢腾。

原因就在于，他对与自己工作有关的人群进行了“市场调查”，掌握了他们的笑点在哪里。也就是说，他非常明白，周围的演出嘉宾、工作人员以及一众粉丝（观众）“对自己的话产生兴趣的概率非常高”，所以才能在工作中尽情地发挥。与之相对，那些专业艺人在私人场合会面的，反而不一定就是能够对他的话感兴趣的人。因此，为了不至于冷场，自然就选择闲聊一些无关紧要的话了。

那么，那些腼腆的艺人是怎么针对工作中遇到的人群，完成他的笑点“市场调查”的呢？**实际上，很多艺人都通过大量体验“持续冷场的笑梗”来完成这项工作**。无论多么受欢迎的谐星，都不可能做到从未冷场。他们从年轻时候开始，就通过一次次的冷场经验，将“什么受欢迎，什么不受欢迎”的各项数据牢记在心底。到最后，当这些数据收集齐备之时，他们就能够在精神上做到杀伐决断，在工作中自然能做到舌灿莲花游刃有余了。同样的道理，**商务人士也要习惯“在尝试持续的冷场中收集相关数据”**。如果想做到能对生意场上的相关人员讲笑话，就不可避免地要经历一段在生意伙伴面前遭遇冷场的尴尬时期。换句话说，只要经历这一过程，就一定能够成为一个风趣幽默的人。

如果从另一个角度来看面对“持续冷场的笑梗”这件事情，就是要“习惯自己的观点不受欢迎”。实际上，这对打造商务人士的精神力量，是一个非常必要的因素。举个例子，在我上高中的时候，有生以来第一次向一家访问量非常大的网站投稿。当时，只要有一个人在文章下留言说“好难看”，就会让我觉得人格遭到了否定，好几次都想就此搁笔不写了。

不过，后来多亏了自己的文章一次又一次遭遇滑铁卢，**我**

才总算明白“我的人格”和“我的想法”是截然不同的两件事情。正因如此，现在就算我写的文章眼看就要失败了，我也完全不会因此而感到羞耻、低落。虽然说起来有点夸张，但是如果能多积累一些冷场的经验，则不但你说的话会变得更加生动有趣，而且还能帮助你成为一个敢于大胆说出自己想法的人。因此，**请你认清楚“这也是一种学习”，暂时在你的笑梗冷场中历练一番吧。**

成为一个坏人不敢伤害的人

76 不再遭遇霸凌欺辱、职权骚扰和性骚扰
大胆宣扬自己不好惹，让坏人敬而远之

接下来为大家介绍如何应付“难缠之人”。

即便步入社会之后，还是会有一些完全不会考虑别人感受的人。举个例子，在我工作的电视行业，职权骚扰、性骚扰等各类骚扰，至今仍然像过去一样大行其道。因此，在这一行业摸爬滚打的人，或多或少都不可避免地遭遇过那些品行恶劣的人。我也曾在电视行业工作长达十几年，回顾过去，也着实遇见过不少让人头疼的人。比如，有不付酬劳的，有暴躁易怒的，有不顾深夜随意给你打电话的，总之形形色色、不一而足。

实际上，电视行业沉疴已深，在我遇见的人当中，有的承受不住压力突然之间就如人间蒸发一般辞职不干了，有的甚至患上了抑郁症。不过，我很庆幸自己一直没有遭受什么重大的伤害。

原因之一就是，周围的人都觉得我是个“骚扰了会很麻烦”的存在，也就是说我是个“不可小觑”的人。为什么我可以做到这一点呢？因为我一直践行在美国学到的不被轻视的社交技巧。这一方法就是**“将自己定位为不容小觑的性格人设”**。

美国这个国家，吸引了来自世界各地背景迥异的人。这些形形色色的人在相互交往中生活、经商。因此，在这样的环境中如果还像和日本人打交道的时候一样，带着“没有坏人”的假设去和人交往，那么什么时候衣服被剥光了都不知道。因此，向周围的人发出“要是惹到我，我会生气的”这样的强烈信号，就变得异常重要。

向周围发送这种信号的方法很多。但是，在日本社会中，有时候如果发送的形象信号太过强烈，反而有可能带来伤害。因此，在这里一并向大家介绍一种在日本人的身上很见效，但是却最简单的方法。

这就是“大胆宣扬你杀伐果断的勇武经历的预告”之术。

以我自己为例。实际上我在大学的时候曾遭遇过诈骗销售，被骗走了大约180万日元。后来我通过法院起诉夺回了自己的财产。每当在我进入不太安全的工作职场时，一定会把这件事情搬出来说一遍。当然了，如果突兀地说起这个也很奇怪。因此，我都是在介绍我自己为什么会进入电视行业特别是新闻报道节目组话题的时候，把通过起诉夺回财产的事情穿插在自我介绍里说出来。

就像小偷不会去光顾那种加了两道锁的人家一样，向大家打过预防针以后，就很少有那些难缠的人再撞上来跟我起冲突了。

接下来，为大家介绍一位曾公开宣称自己巧妙运用这一方法的美国超级名人。他就是美国第45任总统特朗普。特朗普是从据称魑魅魍魉跋扈横行的纽约房地产业中异军突起的人物。正是因为这份经验，特朗普曾在多个场合强调，让周围的人觉得你“一旦出手可是个不好惹的人物”有多么的重要。

实际上，我曾去听过特朗普的演讲，那时候他就直言，自己人生成功的秘诀就是，通过这些努力让别人不敢小瞧自己。在他就任美国总统后，也可以说是在身体力行“使用语言的力量让别人不敢小瞧你”这一道理。

至于这种方法是不是一位美国总统该有的作为，我不好妄下定论。但我觉得可以明确的是，它是作为一位丝毫没有政治经验，在大选初期还被讥讽为“泡沫候补”的特朗普先生最终能够赢得大选的不二法宝。本来嘛，这个方法就是适合像我或者特朗普先生这种，生活在相对比较乱象丛生的行业或者环境中的人使用的技巧。请大家把这种方法当成一种“自卫”手段吧。

这样掌握技巧！兴致勃勃地热聊，逐渐总结出具有自我特色的决断经历

接下来向大家介绍“决断经历游戏”。话说，一提到千原浩史，大家想到的就是他在电视上拿“生气的事情”“决断的事情”来说笑。请大家也试着学习千原浩史先生，向周围的人讲述你的“决断经历”，并努力形成属于自己的招牌搞笑段子。

首先召集一群人，大家按顺序说出自己“杀伐决断的经历”。因为只不过是一个游戏，所以你可以向同样的对象重复多次同样的话题。然后，随着次数的积累，将你的话越说越夸张，最后将你所说的完全变形成一个虚拟的故事。

通过快乐地重复这个游戏，积累话题重组的经验，最后自然能够形成具有自我特色的“杀伐决断的经历”故事。当遇到具有危险气息的人时，把故事不露声色地告诉对方，就能够降低被卷入麻烦事件中的可能性。

77 能够保护你的终极交流方法

面对确实不怀好意的人不必硬碰硬，走为上策

之前，我们为大家介绍了诸多的即兴谈话技巧，现在终于迎来了最后的篇章。

即兴技巧具有非常强大的力量和立竿见影的效果。因此，最后我还要为大家介绍一项非常重要的技巧，帮助大家避免因为过于迷信即兴技巧的强大效果而给自己招来麻烦。

那就是，千万不要误以为，依靠本书介绍的各种即兴技巧，能够帮你解决所有的问题。目前为止向大家介绍的技巧，只有在针对一般的谈话对象时才能奏效。

总之我想说的是，**如果对方有一些精神上的问题，或者对方原本就是抱着想要骗钱骗财的恶意而故意接近你的，那么就算你**

身怀再多的即兴技巧也无济于事。还有，这世界上本就存在着一些精神变态者（Psychopath），他们完全不会顾及他人的心情。当你面对的是这样的谈话对象时，就算再好的社交能力也根本没有用武之地。

比如，就算是专业的格斗家也不可能确保100%取得胜利。实际上，正是因为太过拘泥于输赢，才会有人出现了意外、遭受了重伤，有人甚至付出了生命的代价。情况还不止于此，传奇摔跤手力道山先生就是被业余选手刺伤致死的。不管你是多强的人，对自己的力量太过自信，却反而会葬送自己的性命。

话说回来，如果对方明火执仗地手握武器倒还容易防范，但是交流上是否存在问题，又该如何分辨判断呢？**其实，只要以“本书介绍的技巧在对方身上是否奏效”作为判断基准就可以了。**

如果是和普通人之间产生社交纠纷，只要你费一番功夫照顾对方的感受，用不至于产生误解的表达方式说些什么，事态肯定会有所好转。

但是，如果对方不是普通人，这种方法就难以奏效。

因此，如**果本书介绍的即兴技巧都试过了，对方仍然无动于衷，那么请你留个心眼，要“对那个人敬而远之”**。你是否在自己的心底设立这项基准，将大幅改变你人生道路上卷入严重人际关系纷争的概率。在遇到那些实在令人无可奈何的对象时，让我们重新检视自我保护的作战方式，比如在职场则向公司申请调动工作岗位，在男女交往上则考虑直接选择“分手”。

这些方面要注意！“逃跑”“撤退”也是很棒的技巧

之前我们向大家介绍了各种各样的技巧，没想到大家听到最后压轴的却是“逃跑也是一项技巧”，这或许会有点让人泄气吧。不过，这真的是一件非常重要的事情。

特别是那些对“逃跑”这件事情抱有负面印象的人，请一定要改变你的想法。比如，在商场上，由于对自家公司太过自信，总相信亏损部门“总有一天能够翻盘盈利”，从而错过了撤退的最佳时机，导致整家公司破产的事例不胜枚举。个人炒股投资也是一样，有人由于舍不得“止损”，而导致蒙受巨大的损失。实际上这一点早就得到了心理学上的证实，亦即对于我们人类而言，“撤退”和“止损”比加入绝对要难得多。

商场上的成功人士，很多都是擅于“撤退”的人，而具有高超社交能力的人，很多也都是懂得进退的人。

很多人都很容易忘记，还有“切断和对方的关系”这个选项。请大家一定要记得，在人际关系中把“撤退”或者“止损”纳入自己的选项中。